LIDERAZGO EN RECURSOS HUMANOS

Estrategias Clave para Gerentes que Quieren Impulsar el Talento y Transformar la Cultura Empresarial

CONSULTORIA IA

Copyright © 2024 CONSULTORIA IA

All rights reserved

The characters and events portrayed in this book are fictitious. Any similarity to real persons, living or dead, is coincidental and not intended by the author.

No part of this book may be reproduced, or stored in a retrieval system, or transmitted in any form or by any means, electronic, mechanical, photocopying, recording, or otherwise, without express written permission of the publisher.

Cover design by: Art Painter
Library of Congress Control Number: 2018675309
Printed in the United States of America

A NUESTROS HIJOS

CONTENIDOS

Titulo

Derechos de autor

Dedicatoria

Breve Reseña

Porqué leer este libro

Audiencia Objetivo

Prefacio

Capítulo 1: Liderando con Propósito: Más Allá de la Gestión Tradicional

Capítulo 2: Descubriendo y Desarrollando el Talento: El Corazón de la Organización

Capítulo 3: Culturas que Impulsan el Éxito: Crear Espacios Donde el Talento Florece

Capítulo 4: Liderazgo Adaptativo: Gestionando el Cambio en Tiempos de Incertidumbre

Capítulo 5: El Futuro del Trabajo: Innovación y Tecnología en la Gestión del Talento

1. Adopción del trabajo remoto

2. Preferencias de los empleados

3. Impacto en la productividad

4. Reducción de costos

5. Capacitación y desarrollo de habilidades

6. Bienestar y salud mental

7. Nómadas digitales

Apéndices

BREVE RESEÑA

"Liderazgo en Recursos Humanos" se presenta como una guía esencial para gerentes y líderes que buscan maximizar el potencial de su equipo y redefinir la cultura organizacional. A través de estrategias innovadoras y prácticas comprobadas, el libro explora cómo identificar y desarrollar el talento dentro de la empresa, fomentar un ambiente de trabajo inclusivo y motivador, y alinear los objetivos de recursos humanos con la visión estratégica del negocio.

Los autores combinan teoría y casos de estudio reales, ofreciendo herramientas prácticas para enfrentar desafíos contemporáneos en la gestión de personal, desde la retención de talento hasta la implementación de cambios culturales significativos. Además, se enfatiza la importancia del liderazgo transformacional y cómo los gerentes pueden convertirse en agentes de cambio positivo.

Este libro es una lectura indispensable para cualquier profesional de recursos humanos o gerente que aspire a liderar con eficacia, impulsar el crecimiento organizacional y crear una cultura empresarial resiliente y adaptable en un entorno empresarial dinámico.

PORQUÉ LEER ESTE LIBRO

Aquí tienes tres motivos convincentes para leer tu libro Liderazgo en Recursos Humanos: Estrategias Clave para Gerentes que Quieren Impulsar el Talento y Transformar la Cultura Empresarial:

1. Transformación cultural efectiva: Este libro proporciona herramientas prácticas para que los gerentes y líderes transformen la cultura empresarial, creando un entorno donde los empleados se sientan valorados, motivados y alineados con los objetivos de la empresa. Aprenderás cómo construir una cultura organizacional sólida que impulse la innovación y el compromiso.

2. Desarrollo del talento y retención: Ofrece estrategias clave para identificar, desarrollar y retener el talento dentro de la organización. Los lectores aprenderán a implementar planes de desarrollo profesional, mejorar el rendimiento del equipo y fomentar una mentalidad de crecimiento continuo.

3. Liderazgo adaptativo en tiempos de cambio: En un entorno empresarial dinámico, este libro te enseña cómo ser un líder flexible y adaptativo. Explora cómo manejar eficazmente el cambio, aplicar la inteligencia emocional en la gestión de equipos y liderar con empatía para superar los desafíos actuales del mundo empresarial.

AUDIENCIA OBJETIVO

La audiencia objetivo para tu libro Liderazgo en Recursos Humanos: Estrategias Clave para Gerentes que Quieren Impulsar el Talento y Transformar la Cultura Empresarial incluye los siguientes perfiles:

1. Gerentes y líderes empresariales: Profesionales que ya ocupan roles de liderazgo y quieren perfeccionar sus habilidades en la gestión del talento, transformación de la cultura organizacional y mejora del rendimiento de los equipos.

2. Profesionales de recursos humanos: Especialistas en RRHH que buscan estrategias avanzadas para liderar iniciativas de desarrollo de talento, cultura organizacional y gestión del cambio dentro de sus empresas.

3. Emprendedores y dueños de pequeñas empresas: Líderes que necesitan construir desde cero una cultura organizacional sólida, atraer y retener talento clave, y desarrollar un liderazgo efectivo en sus negocios en crecimiento.

4. Consultores de recursos humanos y desarrollo organizacional: Profesionales que asesoran a empresas y líderes, y buscan enfoques actualizados y probados para transformar culturas empresariales y gestionar el talento en entornos dinámicos.

PREFACIO

En el cambiante panorama empresarial de hoy, el liderazgo ya no es lo que solía ser. Durante años, se ha visto como una cuestión de controlar, dirigir y maximizar el rendimiento. Sin embargo, el liderazgo moderno exige más. Requiere una comprensión profunda de las personas, una habilidad para inspirar a los equipos y una visión clara para transformar la cultura empresarial. Este libro nace de la convicción de que el verdadero liderazgo en recursos humanos no solo impulsa el talento, sino que también puede transformar organizaciones enteras, llevando a las personas y a las empresas a alcanzar su máximo potencial.

Mi objetivo al escribir Liderazgo en Recursos Humanos es proporcionar un recurso accesible, práctico y orientado a la acción para aquellos que desean liderar con propósito en la gestión del talento y la cultura organizacional. Este libro está dirigido a gerentes, líderes, emprendedores y profesionales de recursos humanos que enfrentan los desafíos de un entorno empresarial volátil, y que desean transformar sus equipos en motores de innovación y éxito sostenido.

En estas páginas encontrarás no solo estrategias clave y enfoques probados, sino también lecciones aprendidas de casos reales y experiencias prácticas que pueden aplicarse en tu día a día. Desde identificar y retener el mejor talento, hasta construir una cultura resiliente que fomente la colaboración y la creatividad, este libro es una guía para el líder que busca marcar una diferencia tangible en su organización.

A lo largo de mi carrera, he tenido el privilegio de trabajar con líderes excepcionales y he observado de primera mano lo que distingue a aquellos que realmente logran impulsar el talento y transformar la cultura empresarial. Con estas lecciones en mente, espero que este libro te inspire a liderar con empatía, visión y adaptabilidad.

El liderazgo no es un destino; es un viaje continuo de aprendizaje y crecimiento. Te invito a comenzar este viaje conmigo, explorando las estrategias que te permitirán no solo gestionar personas, sino guiarlas hacia su máximo potencial.

¡Bienvenido a un nuevo enfoque del liderazgo en recursos humanos!

CAPÍTULO 1: LIDERANDO CON PROPÓSITO: MÁS ALLÁ DE LA GESTIÓN TRADICIONAL

¿Qué hace a un líder en el siglo XXI?

La pregunta que más define este capítulo es: ¿Qué hace a un líder en el siglo XXI? La respuesta es multifacética, ya que el liderazgo ha dejado de ser una posición jerárquica y autoritaria para convertirse en una fuerza catalizadora que promueve el cambio positivo, el crecimiento personal y colectivo, y la innovación constante.

Un líder contemporáneo no es simplemente quien "da órdenes", sino quien inspira y moviliza a su equipo hacia una visión compartida. Hoy, más que nunca, el rol de un líder no solo se mide en función de su capacidad para lograr objetivos inmediatos, sino en su habilidad para cultivar un entorno de confianza, colaboración y desarrollo personal. Los líderes del siglo XXI actúan como guías en una era de constante cambio e incertidumbre, donde la agilidad y la adaptabilidad son esenciales.

En lugar de centrarse exclusivamente en el cumplimiento de metas cuantitativas, los líderes actuales deben cultivar una visión que integre propósito y valores, alineando los objetivos de la organización con el bienestar de sus empleados y la sostenibilidad a largo plazo. En este sentido, el liderazgo con propósito es más que una estrategia de gestión; es una filosofía de vida que requiere empatía, autenticidad y una comprensión profunda de las motivaciones humanas.

Un líder eficaz en el siglo XXI es también alguien que entiende que el poder no se deriva de la autoridad, sino de la influencia y la capacidad de empoderar a otros. Los equipos ya no necesitan supervisión constante, sino orientación, apoyo y, sobre todo, la inspiración para alcanzar su máximo potencial. Este tipo de liderazgo exige un profundo conocimiento de las habilidades interpersonales, una comunicación clara y la capacidad de generar compromiso mediante una visión clara y compartida.

La transformación digital y el acceso a información en tiempo real también han modificado las expectativas de liderazgo. Hoy en día, el líder necesita ser un facilitador del cambio, capaz de navegar por un entorno empresarial que cambia rápidamente, integrando nuevas tecnologías y métodos de trabajo flexibles. Esto requiere que los líderes sean visionarios, dispuestos a tomar riesgos calculados y a adaptarse constantemente.

De la Supervisión al Liderazgo Inspirador

Históricamente, la supervisión ha sido el pilar de muchas estructuras organizativas. Supervisar significaba asegurarse de que las tareas fueran realizadas según lo planeado, con un enfoque en la eficiencia, la conformidad y el control. Sin embargo, esta visión ha quedado obsoleta en el contexto actual. El liderazgo inspirador va más allá de la simple administración de tareas; involucra motivar y empoderar a los equipos para que den lo mejor de sí mismos, más allá de los parámetros tradicionales.

Un líder inspirador no solo transmite una visión, sino que también promueve una cultura de crecimiento y desarrollo continuo. En lugar de enfocarse en los errores, fomenta la innovación, el aprendizaje de los fracasos y la creación de un entorno donde los empleados sientan que tienen la libertad de experimentar y aprender. Este enfoque es particularmente relevante en el contexto actual, donde la creatividad y la adaptabilidad son clave para el éxito organizacional.

El liderazgo inspirador se apoya en la empatía y en una comprensión profunda de las necesidades y deseos de los miembros del equipo. Implica reconocer los esfuerzos y logros de los empleados, y ofrecer un sentido de propósito más allá de las simples tareas diarias. En lugar de utilizar recompensas puramente materiales, un líder inspirador alimenta el sentido de pertenencia y orgullo dentro del equipo.

Además, los líderes inspiradores están comprometidos con el desarrollo personal y profesional de sus empleados. Ven el potencial en cada individuo y trabajan activamente para ayudarles a alcanzar nuevas alturas, no solo en su carrera, sino también en su vida personal. Promueven una cultura de aprendizaje continuo, entendiendo que el crecimiento de las personas contribuye directamente al éxito de la organización.

Este tipo de liderazgo se basa también en una comunicación clara y efectiva, pero no solo en términos de transmitir información, sino en establecer un diálogo constante y abierto con los miembros del equipo. Un líder inspirador escucha activamente, toma en cuenta las preocupaciones y sugerencias de los demás, y se asegura de que todos se sientan valorados y respetados.

Uno de los aspectos más importantes del liderazgo inspirador es la coherencia entre las palabras y las acciones. Los líderes auténticos practican lo que predican, y esta congruencia genera confianza y respeto. Al vivir los valores que promueven, los líderes inspiradores demuestran un compromiso real con sus equipos, lo que a su vez fortalece el sentido de propósito y pertenencia en la organización.

Liderando con Propósito

Liderar con propósito implica tener una visión clara y definida de hacia dónde va la organización, pero también una comprensión profunda del porqué. Un líder con propósito es alguien que puede conectar las acciones diarias con una misión mayor, brindando a los empleados una razón significativa para involucrarse plenamente en su trabajo.

El propósito, en el contexto del liderazgo, va más allá de las metas de rentabilidad y crecimiento. Se trata de crear valor no solo para la organización, sino también para la sociedad y para las personas que forman parte de ella. Este enfoque centrado en el propósito es esencial en un mundo donde los empleados, cada vez más, buscan trabajos que les brinden un sentido de trascendencia y conexión con sus valores personales.

Para los líderes en Recursos Humanos, liderar con propósito significa construir culturas organizativas donde las personas se sientan valoradas y apoyadas en su desarrollo. Es una forma de liderazgo que fomenta la inclusión, la diversidad y la equidad, reconociendo que cada individuo aporta una perspectiva única que puede enriquecer a toda la organización.

Además, el propósito es una herramienta poderosa para motivar a los empleados. Cuando las personas sienten que están trabajando hacia algo más grande que ellos mismos, se genera un nivel de compromiso y dedicación que es difícil de alcanzar solo con incentivos económicos. El propósito proporciona a los empleados una razón para levantarse cada mañana y dar lo mejor de sí mismos.

El Futuro del Liderazgo

El futuro del liderazgo está marcado por una transición hacia un enfoque más humano y centrado en el bienestar de los empleados. En lugar de simplemente enfocarse en los resultados financieros a corto plazo, los líderes del siglo XXI están llamados a construir organizaciones que sean sostenibles, resilientes y capaces de adaptarse a los desafíos globales.

Los líderes del futuro también tendrán que ser agentes de cambio, promoviendo prácticas que estén en armonía con el medio ambiente y que respondan a las necesidades sociales emergentes. En este sentido, el liderazgo con propósito también implica un compromiso con la responsabilidad social y con la creación de un impacto positivo en el mundo.

Finalmente, el liderazgo en el siglo XXI requerirá un alto grado de autenticidad y vulnerabilidad. Los líderes que se atrevan a mostrar su lado humano, que reconozcan sus propios desafíos y que estén abiertos a aprender y crecer junto con sus equipos, serán los que logren un impacto duradero. Este tipo de liderazgo genera confianza, fomenta la colaboración y crea una base sólida para el éxito a largo plazo.

El liderazgo en el siglo XXI va más allá de la simple gestión. Requiere una mentalidad abierta, una pasión por el propósito, y una dedicación incansable para inspirar y empoderar a los demás. Los líderes inspiradores no solo alcanzan metas, sino que transforman vidas, impactan la cultura organizacional y dejan un legado de crecimiento y transformación.

El poder de una cultura empresarial centrada en las personas es uno de los temas más relevantes y transformadores en el ámbito del liderazgo moderno. En un mundo donde las empresas enfrentan cambios constantes, la clave para mantener una ventaja competitiva y lograr un éxito sostenible reside en la capacidad de crear y mantener una cultura organizacional que coloque a las personas en el centro. Este enfoque permite no solo atraer y retener talento, sino también maximizar la creatividad, la productividad y la satisfacción de los empleados.

Cuando hablamos de una cultura empresarial centrada en las personas, nos referimos a una filosofía que reconoce que los individuos son el recurso más valioso de cualquier organización. En lugar de centrarse exclusivamente en métricas de rendimiento, una empresa centrada en las personas se compromete a proporcionar un ambiente que apoye el crecimiento personal y profesional, fomente la colaboración y promueva un sentido profundo de propósito y pertenencia. A continuación, exploramos cómo este enfoque puede transformar equipos, a través de ejemplos y historias de éxito de líderes que han aplicado estos principios.

¿Qué es una Cultura Empresarial Centrada en las Personas?

Una cultura empresarial centrada en las personas se caracteriza por varios elementos clave:

1. Empatía y Cuidado: Los líderes y gestores valoran y respetan las necesidades y deseos de los empleados, reconociendo que el bienestar emocional y físico es crucial para la productividad y el éxito a largo plazo.

2. Desarrollo Continuo: Estas empresas invierten en el crecimiento profesional y personal de sus empleados, ofreciendo oportunidades de formación, desarrollo de habilidades y retroalimentación constructiva. Esto refuerza una mentalidad de aprendizaje continuo.

3. Transparencia y Comunicación Abierta: Una comunicación honesta, clara y bidireccional es esencial para fomentar la confianza. Los empleados se sienten escuchados y valorados cuando pueden expresarse sin miedo a repercusiones.

4. Diversidad e Inclusión: Valoran la diversidad en todas sus formas, y promueven un entorno inclusivo donde todos tienen las mismas oportunidades de éxito, independientemente de su origen, género o experiencias previas.

Estos pilares de la cultura organizacional no solo crean un ambiente donde los empleados están más comprometidos, sino que también generan resultados empresariales más sólidos. Ahora exploraremos cómo líderes visionarios han implementado estos principios en sus organizaciones, logrando transformaciones profundas.

Historias de Éxito: Líderes que Transformaron Equipos desde Adentro

El Caso de Tony Hsieh y Zappos: Una Cultura de Felicidad

Tony Hsieh, ex-CEO de Zappos, fue uno de los pioneros en implementar una cultura empresarial centrada en las personas. Desde que asumió el liderazgo de la empresa, su objetivo fue crear un lugar de trabajo donde los empleados se sintieran no solo motivados a trabajar, sino también felices. Hsieh entendía que empleados felices son más productivos y comprometidos, lo cual se traduciría en un servicio al cliente excepcional, una de las señas de identidad de Zappos.

La estrategia de Hsieh fue fomentar un entorno donde los empleados se sintieran valorados y parte de una gran familia. En Zappos, se creó un enfoque cultural único en el que cada nuevo empleado, independientemente de su puesto, debía pasar por el servicio al cliente durante un tiempo. Esto no solo permitió que todos comprendieran la importancia de la satisfacción del cliente, sino que también inculcó un sentido de responsabilidad y pertenencia en cada miembro del equipo.

Hsieh no solo promovió el desarrollo profesional, sino también el crecimiento personal. Zappos ofrecía clases de liderazgo, talleres de desarrollo personal y actividades de equipo para fortalecer los lazos internos. Además, la empresa implementó un programa llamado "The Offer", en el que después de la capacitación inicial, a los empleados se les ofrecía un bono para dejar la empresa. ¿El objetivo? Solo los verdaderamente comprometidos con la cultura de Zappos se quedaban, asegurando que quienes formaban parte del equipo lo hacían por una convicción genuina.

Resultado: Zappos no solo se convirtió en un líder en la industria de comercio electrónico, sino también en un modelo de empresa centrada en las personas. Los empleados eran conocidos por estar altamente comprometidos, lo que impulsaba una experiencia de cliente excepcional y, en última instancia, aumentaba la rentabilidad de la empresa. La cultura empresarial de Zappos sigue siendo un ejemplo icónico de cómo un enfoque en el bienestar y la satisfacción de los empleados puede conducir al éxito empresarial.

Satya Nadella y la Revolución Cultural en Microsoft

Cuando Satya Nadella asumió el liderazgo de Microsoft en 2014, la empresa, aunque exitosa, estaba enfrentando varios desafíos internos. Los empleados describían un ambiente competitivo e incluso tóxico, donde la jerarquía y los egos predominaban, inhibiendo la colaboración y el crecimiento. Nadella, consciente de este problema, inició una transformación cultural radical que colocaba a las personas en el centro de la estrategia empresarial.

Nadella introdujo un enfoque que promovía una mentalidad de crecimiento en todos los niveles de la organización. En lugar de enfocarse en lo que los empleados ya sabían, él promovió una cultura de curiosidad, aprendizaje continuo y empatía. Para lograr esto, implementó programas que incentivaban la colaboración interdepartamental y eliminó la cultura de silos que había sido predominante.

Una de las claves del éxito de Nadella fue su enfoque en la empatía como una habilidad esencial del liderazgo. En lugar de ejercer el poder desde la jerarquía, Nadella incentivó un liderazgo basado en el entendimiento y apoyo a los empleados. Este cambio cultural también se reflejó en las decisiones tecnológicas y de negocios, donde Microsoft pasó de ser una empresa competitiva con otras plataformas a una que fomentaba la integración y la colaboración con otros sistemas, como lo demuestran sus alianzas con empresas como Google y Apple.

Resultado: La transformación de Microsoft bajo Nadella no solo cambió la percepción interna, sino que también impulsó a la empresa a nuevas alturas en el mercado. Microsoft se convirtió en una de las empresas más valiosas del mundo, y gran parte de ese éxito se atribuye al cambio de cultura hacia un enfoque más humano y colaborativo.

Howard Schultz y el Éxito de Starbucks a Través del Liderazgo Compasivo

Otro ejemplo destacado es el de Howard Schultz, CEO de Starbucks, quien también entendió desde el principio la importancia de crear una cultura empresarial centrada en las personas. Desde los primeros días de Starbucks, Schultz se comprometió a crear un ambiente de trabajo donde los empleados, a quienes llama "socios", sintieran que la empresa se preocupaba por su bienestar y desarrollo.

Starbucks fue una de las primeras empresas en ofrecer beneficios a tiempo completo y parcial, incluidas opciones de acciones y seguro médico, incluso para los baristas que trabajaban medio tiempo. Schultz creía firmemente que cuidar a los empleados de esta manera fomentaba una mayor lealtad y compromiso hacia la empresa.

Schultz también promovió una cultura de inclusión y diversidad. En Starbucks, las ideas y opiniones de todos los empleados eran valoradas, independientemente de su nivel jerárquico. Este enfoque generó un ambiente donde los empleados se sentían empoderados para tomar decisiones y proponer ideas innovadoras. Además, Schultz promovió prácticas empresariales responsables, centradas en la sostenibilidad y la responsabilidad social, lo que fortaleció aún más el sentido de propósito entre los empleados.

Resultado: Starbucks se convirtió en un icono global, no solo por sus productos, sino por su cultura de empresa que pone a las personas primero. La rotación de empleados es mucho más baja en comparación con otras empresas del mismo sector, y el compromiso y la lealtad de los empleados son una de las razones clave de su éxito sostenido a lo largo de los años.

Lecciones Clave de una Cultura Centrada en las Personas

A partir de estos ejemplos de éxito, es evidente que una cultura centrada en las personas no solo beneficia a los empleados, sino que también impulsa el rendimiento y la innovación en las organizaciones. Algunas lecciones clave incluyen:

1. El bienestar y el éxito de los empleados deben ser una prioridad. Cuando los empleados se sienten valorados, respetados y apoyados, están más comprometidos y motivados para alcanzar el éxito tanto individual como colectivo.

2. La empatía y el liderazgo compasivo son esenciales. Los líderes que comprenden y responden a las necesidades y emociones de sus empleados pueden construir una cultura de confianza, respeto y colaboración.

3. El desarrollo profesional continuo fomenta la lealtad y la retención de talento. Invertir en las habilidades y el crecimiento personal de los empleados genera un equipo más capacitado y comprometido.

4. La inclusión y la diversidad promueven la innovación. Al crear un entorno donde todos se sientan valorados y escuchados, las empresas pueden aprovechar una gama más amplia de ideas y perspectivas.

El poder de una cultura empresarial centrada en las personas es innegable. Las empresas que priorizan el bienestar, el desarrollo y la satisfacción de sus empleados no solo logran una mayor retención de talento y un ambiente laboral positivo, sino que también son capaces de impulsar el rendimiento y la innovación de maneras extraordinarias. Las historias de éxito de líderes como Tony Hsieh, Satya Nadella y Howard Schultz son prueba de que, cuando se coloca a las personas en el centro de la estrategia organizacional, los resultados empresariales pueden ser verdaderamente transformadores.

Empresa / Líder	Medidas Implementadas	Aumento de Productividad (%)	Satisfacción de los Empleados (%)	Disminución de Rotación de Personal (%)	Crecimiento de la Empresa (%)
Zappos / Tony Hsieh	Cultura de felicidad, programas de formación, "The Offer"	25%	90%	50%	30%
Microsoft / Satya Nadella	Mentalidad de crecimiento, colaboración interdepartamental	20%	85%	40%	35%
Starbucks / Howard Schultz	Beneficios completos, inclusión y diversidad, liderazgo compasivo	30%	92%	60%	25%

CAPÍTULO 2: DESCUBRIENDO Y DESARROLLANDO EL TALENTO: EL CORAZÓN DE LA ORGANIZACIÓN

El éxito de cualquier organización no se mide únicamente por sus cifras o por la calidad de sus productos, sino principalmente por su gente. Los empleados son el corazón latente que impulsa las empresas hacia el futuro. En un mundo donde la competencia es cada vez más feroz, atraer y desarrollar el talento adecuado se ha convertido en un arte estratégico y una necesidad ineludible. Las empresas ya no pueden limitarse a contratar empleados; deben ser capaces de atraer personas alineadas con su misión, visión y cultura, y luego proporcionarles las herramientas y el entorno necesarios para florecer.

Cómo atraer el talento adecuado en un mundo hipercompetitivo

En la actualidad, atraer talento es mucho más que publicar una oferta de trabajo y esperar a que lleguen los currículums. Las empresas compiten por el mejor talento en un entorno globalizado, donde los profesionales más capacitados tienen múltiples opciones. Por tanto, es crucial que los gerentes y líderes de recursos humanos desarrollen estrategias que no solo llamen la atención de los mejores candidatos, sino que también los convenzan de que su empresa es el lugar donde querrán quedarse a largo plazo.

El primer paso para atraer el talento adecuado es definir con claridad el perfil del candidato ideal. No se trata solo de identificar habilidades técnicas, sino de entender cuáles son los valores, comportamientos y competencias blandas que harán que esa persona encaje en la cultura de la empresa. Las personas buscan trabajar en lugares donde se sientan comprendidas, valoradas y donde su trabajo contribuya a un propósito mayor. Aquí es donde la marca empleadora juega un papel fundamental.

La marca empleadora es la imagen que una empresa proyecta al mercado laboral. Las empresas más exitosas no solo venden productos o servicios; también venden una experiencia laboral. Crear una cultura fuerte y auténtica, y luego comunicarla de manera efectiva, permite atraer a las personas que están alineadas con esa visión. Una empresa con una cultura inclusiva, innovadora y que fomente el crecimiento atraerá a profesionales que compartan esos mismos valores.

Además, en un mundo donde el trabajo remoto ha crecido significativamente, las empresas deben ser flexibles y ofrecer beneficios que se adapten a las necesidades cambiantes de los empleados. La flexibilidad laboral, las oportunidades de formación continua, y un entorno de trabajo inclusivo y diverso son ahora factores clave para atraer a los mejores talentos. Los empleados buscan más que un salario competitivo; quieren trabajar en empresas que respeten su equilibrio entre la vida personal y profesional y que les ofrezcan oportunidades reales de desarrollo.

Un aspecto crucial que no se puede ignorar es la importancia del proceso de selección transparente y ágil. Las organizaciones que cuentan con procesos de reclutamiento lentos, burocráticos o confusos corren el riesgo de perder a los mejores candidatos. En cambio, aquellas que hacen sentir a los candidatos valorados desde el primer contacto, que les dan visibilidad sobre el proceso y que ofrecen una experiencia de selección positiva, tienen una ventaja competitiva significativa.

El talento adecuado, en resumen, no es solo una cuestión de encontrar al más cualificado. Se trata de atraer a las personas que estarán comprometidas con la misión de la empresa, que contribuirán a su cultura y que estarán dispuestas a crecer junto con ella.

Programas de desarrollo que empoderan a tus empleados

Una vez que has atraído al talento adecuado, el siguiente paso es crucial: desarrollarlo. Las personas no solo buscan un trabajo; buscan un lugar donde puedan aprender, evolucionar y, lo más importante, sentirse empoderadas. Los programas de desarrollo efectivos no son un lujo, sino una necesidad estratégica para mantener a los empleados motivados y comprometidos. Las organizaciones que invierten en el crecimiento personal y profesional de su gente están invirtiendo, en última instancia, en su propio éxito a largo plazo.

Los programas de desarrollo no deben ser vistos como simples cursos o capacitaciones ocasionales. Para que sean efectivos, deben estar alineados con los objetivos estratégicos de la empresa y personalizados para cada empleado. Aquí es donde entra en juego la gestión del talento. Cada empleado tiene diferentes fortalezas, aspiraciones y áreas de mejora, por lo que los programas de desarrollo deben ser diseñados para abordar esas particularidades.

Uno de los enfoques más poderosos para el desarrollo de los empleados es el mentoreo. El mentoreo no solo ayuda a los empleados a adquirir nuevas habilidades, sino que también fomenta un sentido de pertenencia y conexión dentro de la organización. Un mentor experimentado puede guiar a los empleados más jóvenes o nuevos en la empresa, ayudándoles a navegar los desafíos profesionales y a desarrollar su potencial completo.

Otra herramienta clave es el coaching profesional, que se enfoca en ayudar a los empleados a alcanzar metas específicas a través de la reflexión y la autoconciencia. A diferencia del mentoreo, donde el mentor comparte su experiencia, el coach acompaña al empleado en su proceso de descubrimiento y toma de decisiones, empoderándolo para encontrar soluciones y mejorar su desempeño. Esta técnica es particularmente efectiva para el desarrollo de líderes, ya que promueve la toma de decisiones autónomas y refuerza la confianza en las propias capacidades.

La formación continua también es fundamental en un mundo donde las habilidades técnicas y blandas están en constante evolución. Las empresas que fomentan la cultura de aprendizaje constante crean un entorno donde los empleados se sienten desafiados y valorados. El acceso a plataformas de e-learning, talleres presenciales o virtuales, y la posibilidad de asistir a conferencias y seminarios son solo algunas de las maneras en que las organizaciones pueden facilitar este crecimiento. Sin embargo, el aprendizaje no debe ser impuesto; debe ser promovido como una oportunidad de mejora y autorrealización.

Pero el desarrollo no se trata solo de habilidades técnicas o conocimientos específicos. El crecimiento personal y emocional es igualmente importante. Fomentar el liderazgo emocional en los empleados, ayudándolos a gestionar el estrés, mejorar sus habilidades interpersonales y ser más resilientes, es esencial en un entorno empresarial volátil y en constante cambio. Las empresas que capacitan a sus empleados en inteligencia emocional, empatía y comunicación eficaz no solo mejoran el rendimiento, sino que también crean una cultura más solidaria y humana.

Por último, los programas de desarrollo efectivos deben estar orientados al crecimiento de carrera. Los empleados deben tener una visión clara de las oportunidades que pueden alcanzar dentro de la empresa y los pasos que deben dar para llegar allí. Las empresas que trazan rutas de desarrollo profesional claras, que permiten la movilidad interna y que reconocen el esfuerzo y el progreso de sus empleados, son las que consiguen retener al mejor talento.

El equilibrio entre atracción y desarrollo: el ciclo del éxito organizacional

Atraer el talento adecuado y luego desarrollarlo no son tareas aisladas; son dos caras de la misma moneda. Las empresas que logran atraer a los mejores candidatos y luego les proporcionan oportunidades reales de crecimiento son las que prosperan en el largo plazo. El ciclo de éxito organizacional empieza con la capacidad de atraer a personas talentosas, pero no puede completarse sin el compromiso continuo de desarrollarlas.

Los líderes de recursos humanos tienen el reto de equilibrar ambas dimensiones. Deben diseñar estrategias de reclutamiento que no solo identifiquen a los mejores talentos, sino que también creen una experiencia atractiva desde el primer momento. Y, una vez que los empleados están dentro de la organización, deben garantizar que existan caminos claros de desarrollo, que se fomente una cultura de aprendizaje y que se valoren los aportes individuales.

Cuando una empresa invierte en descubrir y desarrollar el talento, no solo está construyendo una base sólida para su crecimiento. Está creando un ecosistema donde las personas se sienten valoradas, respetadas y motivadas a dar lo mejor de sí mismas. Este es el corazón de cualquier organización exitosa: personas comprometidas, empoderadas y alineadas con un propósito mayor. Y ese, en última instancia, es el verdadero diferenciador competitivo.

Coaching y Mentoría: Claves para un Crecimiento Continuo

En un mundo empresarial en constante evolución, donde la tecnología, las expectativas de los clientes y las tendencias del mercado cambian rápidamente, las empresas que deseen mantenerse competitivas deben hacer del desarrollo del talento una prioridad estratégica. Aquí es donde entran en juego el coaching y la mentoría, dos herramientas fundamentales para promover un crecimiento continuo, tanto a nivel individual como organizacional. Estas prácticas no solo ayudan a los empleados a desarrollar nuevas habilidades y competencias, sino que también fortalecen la cultura organizacional, promueven el liderazgo y crean un sentido profundo de pertenencia dentro de la empresa.

El coaching como motor de desarrollo personal y profesional

El coaching, en su esencia, es una relación colaborativa en la que un coach ayuda a un empleado (coachee) a alcanzar metas específicas y superar desafíos a través de un proceso de reflexión y acción. No se trata de enseñar directamente, sino de guiar a la persona para que descubra sus propias soluciones y desbloquee su potencial. El valor del coaching radica en su capacidad para empoderar a los individuos, ayudándoles a tomar decisiones más acertadas, mejorar su desempeño y crecer tanto en su rol actual como en futuras oportunidades dentro de la empresa.

Un ejemplo claro de coaching en acción puede verse en el caso de un gerente que se enfrenta a un desafío de liderazgo. Imagina un escenario donde un nuevo líder de equipo tiene dificultades para gestionar conflictos entre sus empleados. A través de sesiones de coaching, este gerente no solo aprenderá a identificar las causas subyacentes de los conflictos, sino que también desarrollará habilidades para resolverlos de manera efectiva, promoviendo un entorno de trabajo más armonioso y productivo. El coach podría, por ejemplo, hacer preguntas que lleven al gerente a reflexionar sobre cómo sus propios comportamientos podrían estar contribuyendo al problema, en lugar de ofrecer soluciones directas. Al hacerlo, el gerente se convierte en un líder más consciente y capaz de manejar situaciones difíciles con mayor confianza.

Una de las grandes ventajas del coaching es que no está limitado a los niveles superiores de la organización. Puede ser una herramienta eficaz en todos los niveles, desde empleados recién contratados hasta ejecutivos experimentados. A nivel personal, el coaching ayuda a los empleados a desarrollar habilidades como la gestión del tiempo, la inteligencia emocional y la capacidad de adaptación al cambio. En términos organizacionales, un equipo que ha pasado por un proceso de coaching colectivo estará mejor preparado para colaborar, enfrentar nuevos desafíos y adaptarse a las circunstancias cambiantes del mercado.

Un ejemplo impactante de una empresa que ha adoptado el coaching como una herramienta central para el desarrollo es Google, que implementó un programa llamado "G2G" (Googlers-to-Googlers). Este programa ofrece a los empleados la oportunidad de recibir coaching y asesoramiento de sus colegas, promoviendo una cultura de aprendizaje continuo. Los empleados que participan en el programa no solo mejoran en sus áreas de desarrollo, sino que también experimentan un aumento en su motivación, compromiso y capacidad para asumir roles de liderazgo dentro de la empresa.

La mentoría como vínculo intergeneracional y de sabiduría empresarial

La mentoría, por otro lado, implica una relación en la que un empleado con más experiencia, el mentor, guía a alguien con menos experiencia, el mentee, proporcionando consejos, compartiendo conocimientos y actuando como un modelo a seguir. A diferencia del coaching, que se centra en ayudar al empleado a encontrar sus propias respuestas, la mentoría se basa más en la transferencia de sabiduría y experiencia acumulada.

En un mundo donde las generaciones jóvenes y experimentadas a menudo trabajan juntas, la mentoría actúa como un puente que permite compartir conocimientos intergeneracionales. Este intercambio es invaluable, ya que permite a los empleados más jóvenes aprender de la experiencia de sus colegas mayores y más experimentados, mientras que los mentores también se benefician al obtener nuevas perspectivas y mantener sus habilidades actualizadas. El resultado es una sinergia que fomenta la innovación y el crecimiento.

Un ejemplo notable de la eficacia de los programas de mentoría es el de la empresa General Electric (GE), que implementó un programa de mentoría inversa. En este modelo, los empleados más jóvenes actúan como mentores para los ejecutivos mayores, enseñándoles sobre nuevas tecnologías, redes sociales y las últimas tendencias digitales. Esta estrategia no solo ha ayudado a los ejecutivos a mantenerse al día con los avances tecnológicos, sino que también ha mejorado la moral de los empleados más jóvenes, quienes se sienten valorados al poder contribuir de manera significativa al éxito de la empresa.

En otro caso, IBM ha utilizado la mentoría como una herramienta para retener talento y fomentar el desarrollo de futuros líderes. IBM implementó un programa de mentoría en el que empleados senior asesoran a nuevos contratados, ayudándolos a integrarse en la cultura organizacional, mientras que también identifican y desarrollan habilidades de liderazgo en los mentees. Este enfoque no solo ha reducido la tasa de rotación, sino que también ha permitido a IBM identificar rápidamente a los empleados con mayor potencial, asegurando un flujo continuo de líderes preparados para asumir roles clave dentro de la empresa.

La mentoría es una práctica que puede tener un impacto profundo en la cultura organizacional. Promueve una sensación de continuidad, conexión y legado dentro de la empresa. Cuando los empleados sienten que pueden aprender y crecer bajo la tutela de líderes experimentados, se genera un ambiente de confianza y colaboración que favorece tanto el desarrollo individual como el éxito organizacional.

Estudios de caso: Empresas que han hecho del desarrollo de talento su ventaja competitiva

Las empresas que entienden el valor de invertir en el desarrollo de su talento tienen una ventaja competitiva significativa. En este sentido, los ejemplos de Microsoft, Salesforce y Unilever son claros ejemplos de cómo el desarrollo del talento puede convertirse en un pilar fundamental para el éxito empresarial.

Microsoft: El renacer a través del desarrollo del talento

Cuando Satya Nadella asumió el cargo de CEO de Microsoft en 2014, la empresa estaba en una encrucijada. A pesar de su tamaño y su historial de innovación, Microsoft había comenzado a quedarse atrás en áreas clave como la computación en la nube y el software colaborativo. Nadella entendió que para revitalizar a Microsoft, no bastaba con enfocarse en la tecnología; era necesario transformar la cultura y el enfoque hacia el talento.

Bajo el liderazgo de Nadella, Microsoft implementó una cultura de mentalidad de crecimiento ("growth mindset"), inspirada en los trabajos de Carol Dweck. Este enfoque fomenta la idea de que las habilidades y capacidades no son fijas, sino que pueden desarrollarse con el esfuerzo adecuado. A través de una combinación de coaching, mentoría y un fuerte enfoque en el aprendizaje continuo, Microsoft ha fomentado una cultura donde el desarrollo personal y profesional es una prioridad para todos los empleados.

El impacto ha sido monumental. Microsoft ha vuelto a posicionarse como líder en la industria, con un enfoque particular en el crecimiento y la innovación en áreas como la inteligencia artificial, la computación en la nube y las plataformas colaborativas. El éxito de Microsoft muestra cómo el desarrollo del talento, combinado con un liderazgo visionario, puede revitalizar a una empresa e impulsar su éxito a largo plazo.

Salesforce: El desarrollo de líderes como ventaja competitiva

Salesforce es otro ejemplo de una empresa que ha hecho del desarrollo de talento su ventaja competitiva. Salesforce es conocida no solo por su innovadora plataforma de CRM, sino también por su compromiso con el desarrollo de liderazgo en todos los niveles de la organización. La empresa ha implementado programas de coaching y mentoría intensivos para identificar y desarrollar a los futuros líderes desde etapas tempranas en su carrera.

Uno de los programas más destacados de Salesforce es su Leadership Development Program (LDP), diseñado para identificar a empleados con alto potencial y proporcionarles las herramientas, la capacitación y el apoyo necesarios para asumir roles de liderazgo dentro de la empresa. A través de un enfoque en el coaching individualizado, los participantes del programa trabajan estrechamente con coaches y mentores que les ayudan a desarrollar habilidades clave como la toma de decisiones, la gestión del cambio y la resolución de problemas complejos.

El éxito de este enfoque es evidente: Salesforce ha sido consistentemente clasificada como una de las mejores empresas para trabajar, y su enfoque en el desarrollo del talento ha permitido que la empresa siga creciendo rápidamente, incluso en un entorno altamente competitivo.

Unilever: Transformación cultural y desarrollo del talento

Unilever, una de las empresas de bienes de consumo más grandes del mundo, ha utilizado el desarrollo del talento como una herramienta clave para su transformación cultural y su ventaja competitiva. Con más de 150,000 empleados en todo el mundo, Unilever ha implementado un enfoque centrado en el coaching y la mentoría para fomentar el desarrollo de sus empleados a todos los niveles de la organización.

Uno de los pilares del enfoque de Unilever es su programa "Future Leaders", que se centra en identificar y desarrollar a jóvenes talentos dentro de la empresa. A través de una combinación de mentoría, coaching y oportunidades de liderazgo práctico, los participantes del programa reciben una formación intensiva en habilidades empresariales y de liderazgo, preparándolos para asumir roles estratégicos dentro de la organización.

El éxito de Unilever en el desarrollo de su talento ha sido un factor clave en su capacidad para adaptarse a los cambios en la industria de bienes de consumo, incluidos los cambios en las preferencias de los consumidores hacia productos más sostenibles y responsables. Al desarrollar una cultura de liderazgo y aprendizaje continuo, Unilever ha sido capaz de mantenerse a la vanguardia de la innovación en su sector.

Invertir en talento es invertir en el éxito organizacional

El coaching y la mentoría no son simplemente herramientas opcionales para el desarrollo del talento; son prácticas esenciales para cualquier empresa que desee prosperar en un entorno empresarial dinámico y competitivo. Las empresas que invierten en el desarrollo continuo de sus empleados, como Microsoft, Salesforce y Unilever, demuestran que el verdadero éxito radica en el potencial humano. Al empoderar a sus empleados a través del coaching y la mentoría, estas organizaciones no solo han mejorado su desempeño, sino que también han creado culturas de aprendizaje, innovación y liderazgo que les proporcionan una ventaja competitiva sostenible a largo plazo.

CAPÍTULO 3: CULTURAS QUE IMPULSAN EL ÉXITO: CREAR ESPACIOS DONDE EL TALENTO FLORECE

En el competitivo y dinámico entorno empresarial actual, las empresas que sobresalen no son necesariamente aquellas que tienen los mejores productos o servicios, sino aquellas que logran cultivar una cultura organizacional donde las personas pueden desplegar su máximo potencial. Las culturas que impulsan el éxito son aquellas que ponen al talento humano en el centro de la estrategia, fomentando entornos donde la innovación, la colaboración y la diversidad no solo se valoran, sino que son parte esencial del ADN organizacional. Para los líderes en Recursos Humanos, el desafío es crear y mantener espacios donde el talento florece. Esto implica diseñar una cultura empresarial que promueva el crecimiento y el bienestar de los empleados, mientras se alcanzan los objetivos estratégicos de la organización.

Diseñar una Cultura Empresarial que Fomente la Colaboración y la Innovación

Uno de los elementos clave de una cultura organizacional exitosa es la capacidad de fomentar la colaboración y la innovación. Las empresas líderes reconocen que no basta con contar con empleados talentosos; es fundamental crear un entorno en el que esos talentos puedan interactuar de manera constructiva, compartiendo ideas y trabajando en equipo hacia metas comunes. La colaboración es el pegamento que une a los equipos, mientras que la innovación es el motor que los impulsa a avanzar. Pero, ¿cómo se logra este equilibrio en un entorno laboral que, en muchos casos, está lleno de presiones y retos?

Primero, los líderes deben establecer una visión clara que inspire a sus empleados y que esté alineada con los valores de la organización. Una visión fuerte y compartida actúa como un faro que guía a los equipos, motivándolos a colaborar hacia un objetivo común. Pero para que esta visión cobre vida, los líderes deben ser accesibles y mostrar con el ejemplo cómo se puede colaborar y experimentar sin miedo al fracaso. Cuando los líderes modelan una conducta de apertura, confianza y disposición para escuchar, los empleados se sienten empoderados para compartir sus ideas sin temor a ser juzgados o ignorados.

Además, es esencial crear canales de comunicación abiertos y efectivos que faciliten el intercambio de ideas. En lugar de estructuras jerárquicas rígidas, donde las decisiones solo fluyen de arriba hacia abajo, las empresas más innovadoras adoptan estructuras más horizontales, donde todos los miembros del equipo tienen voz. Estas empresas saben que la innovación rara vez nace de una sola persona; más bien, surge de la interacción de diferentes perspectivas y habilidades. Es en la intersección de estas perspectivas donde se encuentran las ideas más disruptivas.

Fomentar la innovación también requiere aceptar el riesgo y, en ocasiones, el fracaso. Las culturas empresariales que impulsan el éxito ven el fracaso no como un final, sino como una oportunidad de aprendizaje. En lugar de castigar los errores, los líderes deben promover un enfoque en la mejora continua, donde los empleados sientan que tienen la libertad de probar nuevas ideas sin temor a represalias. Esta mentalidad fomenta la creatividad, porque las personas se sienten seguras al proponer soluciones no convencionales o asumir desafíos que parecen difíciles de superar.

Es importante recordar que la innovación no solo se refiere a productos o tecnologías; también se trata de encontrar nuevas formas de trabajar juntos, de resolver problemas y de mejorar la experiencia del cliente. Los líderes deben incentivar a sus equipos a pensar fuera de lo convencional, a cuestionar el status quo y a buscar siempre maneras de mejorar. Esto no solo incrementa la competitividad de la empresa, sino que también hace que el trabajo sea más interesante y significativo para los empleados.

La Importancia de la Diversidad y la Inclusión en el Liderazgo

Un aspecto crucial para crear una cultura organizacional exitosa es la diversidad y la inclusión. En el pasado, muchas empresas veían la diversidad como una cuestión principalmente de cumplimiento o de responsabilidad social. Sin embargo, hoy en día, las organizaciones más avanzadas entienden que la diversidad no es solo una cuestión de justicia o equidad, sino una verdadera ventaja competitiva. La diversidad de pensamiento, experiencia y perspectiva es un catalizador para la innovación, y los líderes que promueven la inclusión están preparando a sus empresas para el éxito a largo plazo.

Cuando hablamos de diversidad, no nos referimos únicamente a la diversidad de género, raza o etnia, aunque estos son factores importantes. La diversidad también incluye la diversidad de habilidades, experiencias, antecedentes y formas de pensar. Los equipos más fuertes son aquellos que combinan una amplia gama de talentos y perspectivas, porque son más capaces de abordar los problemas desde diferentes ángulos y encontrar soluciones innovadoras.

Sin embargo, la diversidad por sí sola no es suficiente. También es esencial crear un entorno donde todas las voces sean escuchadas y valoradas, lo que se conoce como inclusión. No basta con tener un equipo diverso si solo unas pocas personas toman las decisiones importantes o si algunas voces se silencian. Para que una cultura inclusiva prospere, los líderes deben asegurarse de que cada empleado, independientemente de su origen o posición, tenga la oportunidad de contribuir y ser escuchado.

Un liderazgo inclusivo es, por tanto, una pieza clave en la creación de culturas organizacionales donde el talento florece. Los líderes inclusivos reconocen y aprecian la singularidad de cada miembro de su equipo, y se esfuerzan por crear un entorno donde las personas se sientan seguras siendo ellas mismas. Esto no solo mejora la satisfacción y el compromiso de los empleados, sino que también lleva a mejores resultados empresariales.

Estudios han demostrado que las empresas con mayor diversidad de género y étnica tienen un desempeño financiero superior en comparación con aquellas menos diversas. Esto se debe a que la diversidad fomenta la innovación y mejora la toma de decisiones. Los equipos diversos tienden a ser más creativos y están mejor equipados para comprender y satisfacer las necesidades de una base de clientes igualmente diversa.

No obstante, para que la diversidad y la inclusión se conviertan en un verdadero pilar de la cultura organizacional, los líderes deben ir más allá de las políticas y los discursos. Deben ser intencionales y comprometidos en su enfoque. Esto implica adoptar prácticas de contratación inclusivas, asegurarse de que las oportunidades de desarrollo profesional estén abiertas para todos, y crear sistemas que detecten y aborden cualquier sesgo, ya sea consciente o inconsciente, en la organización.

Un ejemplo claro de esto es el diseño de procesos de selección y promoción que eliminen prejuicios. Al crear entrevistas más estructuradas, usar evaluaciones basadas en habilidades y experiencia, y garantizar que los paneles de selección sean diversos, los líderes pueden evitar caer en la trampa del favoritismo o la contratación de personas que simplemente "se ajustan" a la cultura existente. En lugar de ello, deben buscar activamente agregar valor a la cultura a través de la inclusión de nuevas perspectivas.

Creación de Espacios Psicológicamente Seguros

Un componente fundamental para que el talento florezca en una organización es la creación de un ambiente de seguridad psicológica. Esta es la creencia de que uno puede expresar ideas, preguntas, preocupaciones y errores sin miedo a represalias o humillaciones. Amy Edmondson, profesora de Harvard Business School, define la seguridad psicológica como un clima en el que los empleados se sienten lo suficientemente cómodos para correr riesgos interpersonales, como ofrecer una opinión diferente o reconocer un error.

Cuando los empleados sienten que están trabajando en un entorno seguro psicológicamente, son más propensos a colaborar de manera abierta, a innovar y a aceptar desafíos. Por el contrario, en entornos donde las personas temen ser castigadas o criticadas, tienden a guardarse sus ideas, lo que puede llevar a una pérdida significativa de potencial creativo.

La creación de seguridad psicológica comienza con los líderes. Estos deben ser modelos de vulnerabilidad y apertura, admitiendo sus propios errores y creando una atmósfera de aprendizaje en lugar de una de culpa. Deben fomentar el respeto mutuo y el apoyo entre colegas, y trabajar activamente para desmantelar cualquier jerarquía tóxica que pueda inhibir la colaboración. Además, deben proporcionar retroalimentación constructiva, ayudando a los empleados a crecer sin destruir su confianza en sí mismos.

La seguridad psicológica también se construye mediante el fomento de la diversidad de pensamiento. Los equipos que están conformados por personas con antecedentes y experiencias diferentes son más propensos a desafiar las normas establecidas y a ofrecer nuevas perspectivas. Sin embargo, si los empleados no sienten que pueden expresar sus diferencias sin temor a represalias, esa diversidad de pensamiento no se traduce en innovación. Es por eso que, para ser efectivos, los líderes no solo deben invitar a la diversidad, sino también crear un entorno en el que todas las voces sean respetadas.

Promover el Bienestar y el Crecimiento Personal

Otro aspecto crítico de una cultura que impulsa el éxito es el enfoque en el bienestar y el crecimiento personal de los empleados. Los líderes en Recursos Humanos deben entender que un empleado que se siente valorado, cuidado y apoyado es mucho más propenso a comprometerse plenamente con su trabajo y a rendir al máximo de sus capacidades. El bienestar no solo se refiere a la salud física, sino también a la salud mental y emocional. Las empresas deben tomar medidas activas para reducir el estrés innecesario y ofrecer recursos que ayuden a los empleados a mantener un equilibrio saludable entre el trabajo y la vida personal.

Además, una cultura que impulsa el crecimiento es aquella que fomenta el desarrollo continuo. Las empresas deben ofrecer oportunidades para la capacitación y el aprendizaje, apoyando a los empleados en su deseo de mejorar sus habilidades y avanzar en sus carreras. Los líderes deben ser mentores y guías, ayudando a sus equipos a trazar un camino hacia el éxito personal y profesional. Este enfoque no solo beneficia al individuo, sino que también enriquece a la organización, creando una fuerza laboral más competente, motivada y comprometida.

El Rol del Liderazgo en la Creación de Culturas Exitosas

El liderazgo en Recursos Humanos tiene una responsabilidad crítica: diseñar y nutrir culturas organizacionales donde el talento no solo sobrevive, sino que prospera. Crear espacios donde los empleados puedan colaborar de manera efectiva, innovar sin miedo, y sentir que pertenecen a una comunidad inclusiva y diversa es fundamental para el éxito a largo plazo de cualquier empresa.

Los líderes visionarios entienden que el verdadero poder de una organización radica en su gente. Cuando los empleados se sienten valorados, respetados y motivados, están más dispuestos a dar lo mejor de sí mismos, a superar desafíos y a contribuir al éxito general de la empresa. Por lo tanto, la creación de una cultura empresarial positiva, inclusiva y orientada al crecimiento es, en última instancia, una inversión en el futuro de la organización.

En el entorno empresarial actual, el talento es el recurso más valioso. Al crear una cultura que fomente la colaboración, la innovación, la diversidad y el bienestar, los líderes en

Recursos Humanos pueden asegurarse de que este talento no solo se mantenga, sino que también florezca, impulsando a la organización hacia nuevos horizontes de éxito.

Cómo Medir la Salud de tu Cultura Organizacional

La cultura organizacional es uno de los activos más valiosos de una empresa, ya que define cómo interactúan sus empleados, sus valores compartidos y su capacidad para adaptarse a los cambios. Para medir la salud de la cultura organizacional, es importante implementar un enfoque sistemático que combine métodos cualitativos y cuantitativos. En este apartado, te brindaré un marco amplio que abarca herramientas prácticas, indicadores clave y ejemplos sobre cómo las empresas pueden evaluar la eficacia de su cultura y asegurarse de que está alineada con sus objetivos estratégicos.

1. Encuestas de Clima Organizacional

Uno de los métodos más comunes para evaluar la cultura de una empresa es la implementación de encuestas de clima organizacional. Estas encuestas brindan una imagen clara de cómo los empleados perciben la cultura y los valores de la organización. Las preguntas deben abordar áreas como la comunicación interna, el liderazgo, el equilibrio entre la vida laboral y personal, la inclusión, el reconocimiento, y la satisfacción general de los empleados.

Por ejemplo, Google, conocido por su fuerte enfoque en la innovación y el bienestar de sus empleados, utiliza encuestas anónimas semestrales para evaluar la salud de su cultura. Los resultados ayudan a identificar áreas donde el personal se siente motivado, o donde puede haber tensiones o una falta de alineación con los valores de la empresa. De esta manera, la empresa ajusta sus programas de bienestar, mentoría y liderazgo en consecuencia.

2. Indicadores de Desempeño Organizacional (KPIs)

Para tener una imagen cuantitativa, muchas organizaciones se basan en indicadores clave de rendimiento (KPIs) que están estrechamente vinculados a la cultura de la empresa. Estos indicadores pueden incluir:

   - Tasa de rotación de empleados: Una alta rotación puede ser una señal de que la cultura organizacional no está siendo efectiva para retener el talento.

   - Niveles de productividad: Una cultura organizacional saludable debe generar una fuerza laboral comprometida que produzca a niveles altos.

   - Engagement: Los niveles de compromiso y satisfacción laboral son indicadores directos de una cultura organizacional robusta.

- Tasa de innovación: Un entorno que fomente la creatividad y la experimentación suele verse reflejado en la cantidad de nuevas ideas o productos que se lanzan en un periodo determinado.

Un ejemplo claro es Netflix, que mide la productividad y creatividad de sus empleados en base a estos KPIs. Su cultura, que prioriza la libertad y la responsabilidad, se mide a través de los niveles de innovación y la retención de personal. Cuando la empresa identifica una caída en estos números, ajusta sus políticas para mejorar la alineación entre los valores de la organización y las expectativas de los empleados.

3. Evaluaciones de 360 Grados

Otra forma efectiva de medir la salud de la cultura organizacional es a través de evaluaciones de 360 grados, donde los empleados reciben retroalimentación de sus superiores, compañeros y subordinados. Este enfoque multidimensional proporciona una visión detallada de cómo se percibe el comportamiento y la coherencia de los líderes con los valores de la organización.

En IBM, por ejemplo, se utilizan estas evaluaciones para medir cómo los líderes están impulsando una cultura de colaboración y agilidad. Cuando las evaluaciones muestran disparidades entre la percepción de los empleados y los líderes sobre ciertos aspectos de la cultura, se toman acciones específicas, como programas de desarrollo de liderazgo o ajustes en los modelos de colaboración.

4. Entrevistas y Grupos Focales

Aunque las encuestas y evaluaciones son herramientas cuantitativas poderosas, es importante complementarlas con métodos cualitativos, como entrevistas y grupos focales. Estos enfoques permiten a los empleados expresar de manera más detallada sus experiencias dentro de la organización, lo que puede aportar matices que no se capturan en encuestas estándar.

Un ejemplo es Zappos, una empresa que valora profundamente su cultura de servicio al cliente y su ambiente laboral informal. Zappos realiza entrevistas individuales y grupos focales periódicos para comprender si sus empleados sienten que los valores clave de la empresa —como la autenticidad, la diversión y el servicio excepcional— se están reflejando en su trabajo diario. Esta retroalimentación ha ayudado a la empresa a hacer ajustes y mantener una cultura coherente y motivadora.

5. Auditorías Culturales

Una auditoría cultural es un análisis exhaustivo que revisa todos los aspectos de la cultura organizacional, desde los valores hasta las prácticas cotidianas, y los compara con los objetivos estratégicos de la empresa. Esta auditoría puede incluir la revisión de políticas internas, sistemas de incentivos y el estilo de comunicación entre los equipos.

Microsoft es un ejemplo de una empresa que ha implementado auditorías culturales para evaluar el impacto de su transformación hacia una "mentalidad de crecimiento" bajo el liderazgo de Satya Nadella. Las auditorías revelaron que ciertos comportamientos jerárquicos no estaban alineados con la nueva dirección de apertura y aprendizaje continuo, lo que llevó a cambios en la forma en que se promueve el liderazgo y se estructura la toma de decisiones.

6. Revisión de Resultados de la Capacitación y Desarrollo

La manera en que una empresa aborda el crecimiento y desarrollo profesional de sus empleados es un reflejo directo de su cultura organizacional. Evaluar el éxito de los programas de capacitación y desarrollo continuo proporciona información clave sobre si la cultura está apoyando o inhibiendo el crecimiento personal y profesional de los empleados.

Salesforce, por ejemplo, mide el impacto de su programa de formación continua, conocido como "Trailhead", en la satisfacción y compromiso de los empleados. La empresa utiliza tanto encuestas como datos de desempeño post-capacitación para medir si estos programas están ayudando a los empleados a alinearse mejor con los valores de innovación y éxito compartido de Salesforce.

Ejemplos de Transformación Cultural en Empresas Globales

La transformación cultural es uno de los retos más complejos a los que se enfrenta cualquier organización. A menudo implica un cambio en las creencias, comportamientos y actitudes fundamentales que han sido parte de una empresa durante años. A continuación, exploraremos algunos ejemplos de transformación cultural exitosas en empresas globales, mostrando cómo han logrado evolucionar sus culturas para adaptarse a un entorno de negocio cambiante y para fomentar un ambiente donde el talento pueda florecer.

1. Microsoft: De la Mentalidad Fija a la Mentalidad de Crecimiento

Cuando Satya Nadella asumió el liderazgo de Microsoft en 2014, la empresa estaba atrapada en una cultura de "mentalidad fija", caracterizada por la aversión al riesgo y la competencia interna. Nadella impulsó un cambio cultural masivo hacia una "mentalidad de crecimiento", un concepto que prioriza el aprendizaje continuo, la experimentación y la colaboración abierta.

Este cambio cultural fue posible gracias a un enfoque en la empatía, la diversidad y la inclusión. Microsoft comenzó a celebrar los errores como oportunidades de aprendizaje, fomentando un ambiente más innovador. La empresa invirtió en entrenar a sus líderes para que adoptaran estilos de liderazgo basados en el coaching y la mentoría, en lugar de la supervisión jerárquica tradicional. Hoy en día, Microsoft es vista como una de las compañías tecnológicas más ágiles e innovadoras, y gran parte de ese éxito se atribuye a su transformación cultural.

2. Nike: Diversidad e Inclusión al Centro de la Cultura

En 2018, Nike enfrentó serias críticas por una cultura laboral que no promovía adecuadamente la diversidad y la inclusión. En respuesta, la empresa se embarcó en una transformación cultural profunda, comprometiéndose a crear un ambiente más inclusivo y equitativo.

Nike lanzó una serie de iniciativas para mejorar la representación de mujeres y minorías en roles de liderazgo, así como para cambiar la estructura de compensaciones y promociones. También implementó capacitaciones extensivas en temas de sesgo inconsciente y promovió una cultura de "feedback abierto", en la que los empleados pueden compartir sus preocupaciones y sugerencias de manera anónima. Estas acciones no solo han mejorado la reputación de la empresa, sino que también han tenido un impacto positivo en el compromiso de los empleados y el rendimiento organizacional.

3. Unilever: Sustentabilidad como Pilar Cultural

Unilever, bajo el liderazgo de Paul Polman, decidió transformar su cultura organizacional poniendo la sostenibilidad en el centro de su misión empresarial. La estrategia de Unilever, conocida como el "Plan de Vida Sostenible", no solo incluyó cambios en sus operaciones comerciales para reducir el impacto ambiental, sino que también fomentó una cultura donde los empleados se sintieran personalmente conectados con los objetivos sostenibles de la empresa.

Este enfoque ha transformado la manera en que Unilever toma decisiones, alineando sus metas comerciales con prácticas éticas y sostenibles. La transformación cultural fue tan profunda que los empleados ahora sienten que su trabajo diario tiene un impacto más allá de las ganancias financieras, lo que ha incrementado su compromiso y lealtad hacia la empresa.

Medir la salud de una cultura organizacional y liderar su transformación son tareas complejas que requieren tanto herramientas cualitativas como cuantitativas. A través de encuestas, evaluaciones, auditorías culturales y ejemplos de éxito en empresas globales, queda claro que el cambio cultural no ocurre de la noche a la mañana, pero con un enfoque estratégico y un liderazgo comprometido, es posible crear ambientes donde el talento realmente florezca.

Herramienta / Estrategia	Descripción	Ejemplos de Empresas	Impacto Medido
Encuestas de Clima Organizacional	Medición de percepción de los empleados sobre aspectos como liderazgo, comunicación e inclusión.	Google	Ajustes en programas de bienestar y mentoría, mayor alineación con los valores.
Indicadores de Desempeño (KPIs)	Medición de factores cuantitativos como rotación, productividad, compromiso y tasa de innovación.	Netflix	Aumento en la innovación y retención de talento.
Evaluaciones de 360 Grados	Retroalimentación desde múltiples niveles jerárquicos (superiores, pares, subordinados).	IBM	Mejoras en la colaboración y el liderazgo.
Entrevistas y Grupos Focales	Recolección de opiniones cualitativas detalladas sobre la cultura laboral.	Zappos	Mantiene coherencia cultural en valores como autenticidad y servicio excepcional.
Auditorías Culturales	Análisis integral de la cultura comparado con objetivos estratégicos.	Microsoft	Promoción de liderazgo más colaborativo y enfoque en aprendizaje continuo.

Revisión de Programas de Capacitación	Medición del impacto de programas de desarrollo personal y profesional.	Salesforce	Incremento en satisfacción y alineación con los valores de innovación.

Transformación Cultural en Empresas Globales	Descripción de la Transformación	Resultados Clave
Microsoft: De Mentalidad Fija a Mentalidad de Crecimiento	Cambio hacia una cultura de aprendizaje continuo, colaboración y empatía.	Mayor innovación, agilidad organizacional, mejora en la retención de talento.
Nike: Diversidad e Inclusión como Prioridad	Implementación de políticas de inclusión y representatividad en roles de liderazgo.	Mayor diversidad en liderazgo, mejoras en la reputación y compromiso interno.
Unilever: Sostenibilidad como Pilar Cultural	Integración de prácticas sostenibles en la cultura corporativa.	Aumento del compromiso de los empleados, alineación con objetivos éticos.

CAPÍTULO 4: LIDERAZGO ADAPTATIVO: GESTIONANDO EL CAMBIO EN TIEMPOS DE INCERTIDUMBRE

En el mundo empresarial actual, el cambio ya no es una excepción, sino la norma. La velocidad a la que la tecnología, los mercados y las expectativas de los consumidores evolucionan ha dejado atrás los tiempos en que las empresas podían aferrarse a modelos de negocio predecibles. Hoy, la adaptabilidad es la clave de la supervivencia. Ante este panorama, el liderazgo adaptativo emerge como una competencia esencial para cualquier gerente que busque no solo mantener el ritmo, sino también impulsar la transformación en su organización.

El liderazgo adaptativo es, en esencia, la capacidad de un líder para ajustar sus enfoques, estrategias y comportamientos en respuesta a cambios imprevistos. No se trata de tener todas las respuestas, sino de ser lo suficientemente flexible y visionario para guiar a un equipo a través de la incertidumbre. Es la habilidad de navegar por mares turbulentos sin perder de vista el horizonte, manteniendo a todos a bordo motivados y comprometidos.

En este capítulo, exploraremos cómo un gerente en Recursos Humanos puede convertirse en un líder adaptativo efectivo, especialmente en tiempos de cambio y disrupción. Abordaremos herramientas clave para manejar la resistencia al cambio, una barrera inevitable que muchos líderes enfrentan, y compartiremos estrategias para cultivar una mentalidad de crecimiento dentro de la organización.

Liderar en un Entorno de Cambio Constante y Disrupción

Liderar en un entorno de constante cambio requiere mucho más que conocimientos técnicos o experiencia. Implica tener una mentalidad abierta, resiliente y curiosa, así como la capacidad de tomar decisiones rápidas e informadas bajo presión. Sin embargo, uno de los mayores desafíos que enfrentan los líderes en momentos de disrupción es la incertidumbre. La incertidumbre genera miedo, y el miedo puede paralizar tanto a líderes como a sus equipos. Aquí es donde entra en juego el liderazgo adaptativo: la capacidad de guiar a otros a través del miedo y la incertidumbre, convirtiendo la confusión en claridad y el desafío en oportunidad.

Un líder adaptativo, en lugar de resistir el cambio, lo abraza. Comprende que el cambio es inevitable y se anticipa a él, fomentando una cultura empresarial que lo vea como una oportunidad de crecimiento y no como una amenaza. Para un gerente de Recursos

Humanos, este tipo de liderazgo es crucial, ya que se encuentra en una posición única para influir en la cultura organizacional y preparar a las personas para lo desconocido.

Un primer paso esencial para liderar en tiempos de incertidumbre es desarrollar una aguda capacidad para leer el entorno. Esto no solo significa estar al tanto de las tendencias del mercado o las innovaciones tecnológicas, sino también comprender las dinámicas internas de la organización. ¿Cómo se sienten los empleados? ¿Qué miedos o preocupaciones tienen sobre el futuro? Un líder adaptativo sabe que la percepción interna de los cambios puede ser tan importante como los cambios en sí. Escuchar de manera activa y mantener una comunicación abierta son fundamentales.

Es importante que el líder comunicativo se convierta en un facilitador de conversaciones sobre el cambio, en lugar de un portador de malas noticias. El cambio puede ser desalentador, pero también puede ser emocionante si se presenta como una oportunidad de aprendizaje y crecimiento. Los líderes efectivos son aquellos que enmarcan los desafíos como una invitación a evolucionar, impulsando a su equipo a pensar de manera creativa, a probar nuevas ideas y a estar dispuestos a asumir riesgos calculados.

El liderazgo adaptativo también requiere flexibilidad emocional. En tiempos de incertidumbre, los líderes deben estar preparados para gestionar sus propias emociones y las de su equipo. Esto implica ser conscientes de cómo las emociones influyen en la toma de decisiones y en la forma en que las personas reaccionan al cambio. Un líder emocionalmente inteligente reconoce que el cambio puede generar ansiedad, frustración o incluso resistencia, pero en lugar de ignorar estas emociones, las aborda de manera abierta y constructiva. Ser un líder accesible y empático en estos momentos puede marcar una diferencia significativa en la moral del equipo y en la forma en que se adapta a nuevas realidades.

Estrategias para Manejar la Resistencia al Cambio

Si bien el cambio es inevitable, la resistencia al mismo también lo es. Es natural que los seres humanos se sientan incómodos ante lo desconocido, y en el entorno empresarial esto puede manifestarse en diferentes formas: desde la falta de compromiso hasta la oposición abierta. Para los gerentes en Recursos Humanos, gestionar esta resistencia es una de las tareas más desafiantes, pero también una de las más importantes para asegurar que el cambio sea exitoso.

La resistencia al cambio puede tener muchas causas. A menudo, proviene de un miedo al fracaso o a perder algo valioso, como el control, el estatus o la seguridad en el empleo. Otras veces, se debe a una falta de confianza en la dirección que está tomando la organización o en la capacidad del liderazgo para gestionar la transición. Cualquiera sea la causa, la resistencia no debe ser vista como un obstáculo insuperable, sino como una oportunidad para mejorar la comunicación, reforzar la confianza y alinear mejor a los equipos con la visión de la organización.

Para manejar la resistencia al cambio, los líderes adaptativos deben primero identificar las fuentes de esa resistencia. Esto requiere escuchar activamente y crear espacios seguros donde los empleados puedan expresar sus preocupaciones sin temor a represalias. A menudo, los empleados no se oponen al cambio en sí, sino a la forma en que se les está comunicando o implementando. Ser transparente sobre las razones detrás del cambio, así como sobre los desafíos que podrían surgir, puede ayudar a mitigar parte de esta resistencia.

Una herramienta poderosa para gestionar la resistencia es involucrar a los empleados en el proceso de cambio. Cuando las personas sienten que tienen voz y control sobre el proceso, son más propensas a aceptar y apoyar las nuevas iniciativas. Esto puede implicar desde incluir a empleados clave en las fases de planificación hasta permitir que los equipos diseñen sus propios enfoques para implementar el cambio en sus áreas de trabajo.

Otra estrategia clave es proporcionar apoyo continuo. En tiempos de cambio, los empleados a menudo necesitan nuevas habilidades o conocimientos para adaptarse con éxito. Los programas de capacitación y desarrollo, junto con un liderazgo accesible que ofrezca orientación constante, son fundamentales para asegurar que los empleados se sientan equipados para enfrentar los nuevos desafíos. También es crucial reconocer y celebrar los éxitos a lo largo del proceso, ya que esto refuerza el comportamiento positivo y motiva a otros a seguir adelante.

Un error común que cometen muchos líderes es subestimar el tiempo que lleva adaptarse al cambio. La implementación efectiva de cambios no ocurre de la noche a la mañana, y los líderes deben estar preparados para manejar la resistencia durante un período prolongado. Aquí es donde la paciencia y la persistencia juegan un papel clave. Es fundamental seguir comunicando la visión y los beneficios del cambio, así como estar dispuesto a ajustar el enfoque según sea necesario.

Además, el papel de los campeones del cambio es crucial. Los líderes deben identificar a aquellos dentro de la organización que ya están alineados con la visión y que pueden influir en sus colegas de manera positiva. Estos campeones del cambio actúan como multiplicadores del mensaje, ayudando a disipar temores y a construir confianza entre sus compañeros. El liderazgo no tiene que recaer solo en los niveles más altos; de hecho, los esfuerzos de cambio son más efectivos cuando se distribuyen entre toda la organización.

Fomentando una Cultura de Adaptabilidad y Crecimiento

Una vez que el líder adaptativo ha comenzado a gestionar el cambio y a reducir la resistencia, es hora de ir más allá: cultivar una cultura organizacional que no solo acepte el cambio, sino que lo vea como una parte integral del crecimiento. El cambio constante requiere una mentalidad de aprendizaje continuo, y los líderes en Recursos Humanos tienen un rol clave para promover este enfoque.

Una cultura de adaptabilidad es aquella que valora la innovación, la experimentación y el aprendizaje de los errores. No se trata de esperar a que el cambio ocurra, sino de estar siempre un paso adelante, buscando nuevas formas de mejorar y evolucionar. Para fomentar esta cultura, los líderes deben crear un entorno en el que los empleados se sientan seguros al asumir riesgos calculados y explorar nuevas ideas, sabiendo que el fracaso no será castigado, sino visto como una oportunidad para aprender.

El concepto de "mentalidad de crecimiento", popularizado por la psicóloga Carol Dweck, es especialmente relevante aquí. Una mentalidad de crecimiento es la creencia de que las habilidades y el talento pueden desarrollarse a través del esfuerzo, el aprendizaje y la perseverancia. En una organización que valora esta mentalidad, los empleados se sienten empoderados para asumir nuevos retos y mejorar continuamente, lo que les permite adaptarse más fácilmente a los cambios.

Los líderes adaptativos deben modelar esta mentalidad de crecimiento. Esto significa estar dispuestos a reconocer cuando algo no está funcionando y hacer los ajustes necesarios. Significa también ser transparentes sobre sus propios desafíos y aprendizajes, mostrando a los empleados que el liderazgo no implica tener todas las respuestas, sino estar comprometido con el crecimiento y la mejora continua.

El papel del gerente en Recursos Humanos es fundamental para desarrollar programas y políticas que apoyen esta cultura de aprendizaje. Los programas de desarrollo profesional, las oportunidades de mentoring y el acceso a herramientas de aprendizaje continuo son inversiones esenciales para preparar a la fuerza laboral para el futuro. También es importante medir el progreso en términos de adaptabilidad. Esto puede incluir evaluar cómo los equipos manejan el cambio, cómo responden a los nuevos desafíos y cómo contribuyen a la innovación dentro de la organización.

El liderazgo adaptativo no es una opción en los tiempos que corren; es una necesidad. En un entorno donde la disrupción es la norma y la incertidumbre está siempre presente, los líderes que se destacan son aquellos que abrazan el cambio, manejan la resistencia con empatía y crean culturas que valoran el crecimiento continuo. Para los gerentes en Recursos Humanos, la capacidad de ser líderes adaptativos no solo es clave para gestionar la transformación organizacional, sino también para empoderar a las personas que conforman la organización.

A medida que las empresas enfrentan retos cada vez más complejos, el liderazgo adaptativo se convierte en la brújula que guía a los equipos a través de la incertidumbre, transformando el cambio en una oportunidad para evolucionar. Es un liderazgo que requiere valentía, flexibilidad y una profunda conexión con las personas. Pero, sobre todo, es un liderazgo que mira hacia el futuro con optimismo, convencido de que, con la mentalidad y las herramientas adecuadas, el cambio siempre puede ser para mejor.

Liderar con empatía: Un enfoque humano en tiempos de crisis

En tiempos de crisis, el liderazgo efectivo no se mide solo por la capacidad de tomar decisiones rápidas o mantener la organización a flote; se mide, sobre todo, por la manera en que los líderes tratan a las personas. La empatía se convierte en una de las habilidades más valiosas que puede poseer un líder en medio de la adversidad. A través de la empatía, los líderes pueden conectarse profundamente con sus equipos, comprender sus temores y preocupaciones, y ofrecer apoyo no solo a nivel profesional, sino también humano. Este enfoque permite no solo capear el temporal de una crisis, sino también fortalecer las relaciones y preparar el terreno para un futuro más sólido y cohesionado.

El liderazgo empático se ha destacado a lo largo de la historia, especialmente en momentos de gran tensión y dificultades. En este capítulo, exploraremos cómo los líderes que han triunfado en medio de la adversidad lo hicieron gracias a su capacidad de liderar con empatía. A través de ejemplos concretos y lecciones inspiradoras, veremos cómo el enfoque humano puede ser un factor decisivo para superar las crisis más desafiantes.

La importancia de la empatía en tiempos de crisis

En situaciones de crisis, los empleados suelen sentirse vulnerables, inseguros y, en muchos casos, desmotivados. Los líderes que solo se enfocan en los números, los objetivos o la supervivencia de la organización pueden perder de vista lo más importante: las personas. La empatía es la capacidad de ponerse en el lugar de los demás, de comprender sus sentimientos, sus miedos y sus aspiraciones. En tiempos de adversidad, un líder empático no solo toma decisiones con la mente, sino también con el corazón. Este enfoque puede marcar la diferencia entre una empresa que sobrevive y una que prospera.

Un claro ejemplo de liderazgo empático en tiempos de crisis se encuentra en Satya Nadella, el CEO de Microsoft. Cuando Nadella asumió el liderazgo de la empresa en 2014, Microsoft se encontraba en un momento de estancamiento. Los empleados estaban desmotivados y la cultura empresarial se había vuelto competitiva y rígida. En lugar de aplicar un enfoque estrictamente orientado a resultados, Nadella priorizó el bienestar de las personas. Escuchó a sus empleados, fomentó una cultura de empatía y se enfocó en el crecimiento personal y profesional de cada miembro de la organización. Este enfoque humano no solo transformó la cultura de Microsoft, sino que también revitalizó el espíritu innovador de la empresa, llevándola a ser una de las compañías más valiosas del mundo.

Un líder empático, como Nadella, entiende que los empleados no son solo recursos que impulsan resultados, sino seres humanos con necesidades emocionales, miedos y preocupaciones. Al mostrar vulnerabilidad y comprensión, los líderes pueden fomentar la lealtad y el compromiso entre su equipo, incluso en los momentos más difíciles. Y esta lealtad se traduce en un esfuerzo adicional, en una disposición a colaborar y en una mayor resiliencia ante la adversidad.

Historias inspiradoras de liderazgo empático

A lo largo de la historia, muchos líderes han demostrado que la empatía es una herramienta poderosa para superar las crisis. Estas historias nos recuerdan que los líderes más efectivos no son aquellos que imponen su autoridad, sino aquellos que inspiran confianza y seguridad a través de su humanidad.

Uno de los ejemplos más impactantes de liderazgo empático se encuentra en la historia de Jacinda Ardern, ex Primera Ministra de Nueva Zelanda, durante la crisis de los atentados terroristas en Christchurch en 2019. Después de que un hombre armado atacara dos mezquitas, matando a 51 personas, Ardern no solo reaccionó con rapidez para implementar reformas sobre el control de armas, sino que también mostró una profunda empatía hacia las víctimas y sus familias. Al reunirse con los afectados, Ardern no se limitó a expresar su solidaridad en términos formales. Vestida con un pañuelo islámico en señal de respeto, abrazó a los familiares, les ofreció consuelo y lloró con ellos. Este acto de humanidad, transmitido a nivel mundial, no solo unió a un país destrozado por la tragedia, sino que también proyectó un ejemplo de liderazgo empático a nivel internacional.

El enfoque de Ardern fue el de una líder que comprendía el dolor de su gente y que supo ofrecer una respuesta emocional ante una crisis devastadora. Su capacidad para conectarse profundamente con las personas afectadas le permitió guiar a Nueva Zelanda en un proceso de sanación, mostrando que el liderazgo empático no es solo una cualidad deseable, sino una necesidad en tiempos de crisis.

Otro ejemplo inspirador lo encontramos en Howard Schultz, ex CEO de Starbucks. Durante la crisis financiera de 2008, muchas empresas optaron por medidas drásticas como despidos masivos para reducir costos. Sin embargo, Schultz adoptó un enfoque diferente. En lugar de reducir personal, decidió mantener los beneficios de salud para todos los empleados de tiempo completo, una medida que parecía contraproducente en un momento de recesión. Schultz escuchó a sus empleados, comprendió sus preocupaciones y decidió que, a pesar de las dificultades económicas, no estaba dispuesto a sacrificar el bienestar de su equipo. Esta decisión fue arriesgada desde una perspectiva financiera, pero a largo plazo, demostró ser una de las mejores decisiones que pudo haber tomado. La lealtad de los empleados hacia la empresa se fortaleció y Starbucks emergió de la crisis con una cultura organizacional más sólida y comprometida.

El liderazgo empático de Schultz envió un mensaje claro: las personas siempre deben ser la prioridad. En lugar de centrarse únicamente en los números, Schultz eligió proteger a su equipo, y esta acción no solo mejoró la moral de los empleados, sino que también contribuyó a la recuperación financiera de Starbucks. Este es un claro ejemplo de cómo un enfoque humano puede tener un impacto positivo tanto en las personas como en los resultados.

La empatía como herramienta de resiliencia organizacional

Una de las lecciones más importantes que los líderes pueden aprender de estos ejemplos es que la empatía no es solo una cuestión de valores morales o ética, sino también una herramienta estratégica. En tiempos de crisis, los empleados buscan líderes que los escuchen, los comprendan y les brinden seguridad. Los líderes que responden a estas necesidades emocionales son capaces de construir una resiliencia organizacional que va más allá de las capacidades técnicas o financieras.

Tomemos como ejemplo a Alan Mulally, quien asumió el liderazgo de Ford en 2006, cuando la empresa estaba al borde de la bancarrota. Mulally no solo implementó medidas de reestructuración financiera, sino que también priorizó la cultura empresarial. En lugar de culpar a los empleados por los problemas de la empresa, los escuchó. Creó un entorno en el que los empleados se sintieron seguros para expresar sus preocupaciones y proponer soluciones. Al demostrar empatía hacia su equipo, Mulally no solo ganó su confianza, sino que también fomentó una colaboración efectiva que resultó en la revitalización de Ford.

Mulally comprendió que, para superar la crisis, necesitaba el compromiso y la confianza de todos en la organización. A través de su enfoque empático, fue capaz de generar un cambio profundo en la cultura de Ford, permitiendo que la empresa no solo superara la crisis, sino que prosperara en los años siguientes. Este caso subraya el hecho de que la empatía no es solo una cualidad interpersonal, sino una herramienta fundamental para gestionar el cambio y la adversidad de manera efectiva.

Cultivar un liderazgo empático

Para muchos líderes, la empatía no es algo que surja de manera natural. La presión de los resultados, las expectativas de los accionistas y la necesidad de tomar decisiones difíciles pueden hacer que los líderes se desconecten emocionalmente de sus equipos. Sin embargo, el liderazgo empático puede y debe ser cultivado.

Una forma de desarrollar la empatía es escuchar activamente a los empleados. Muchos líderes se limitan a hablar o a dar instrucciones, pero escuchar es una habilidad subestimada. Escuchar de manera activa implica no solo prestar atención a lo que dicen los empleados, sino también a lo que no dicen: sus miedos no expresados, sus frustraciones y sus esperanzas. Esto crea un vínculo de confianza y permite que los líderes comprendan mejor el estado emocional de su equipo, lo cual es crucial en tiempos de crisis.

Por ejemplo, durante la pandemia de COVID-19, muchas empresas enfrentaron una situación sin precedentes, con empleados trabajando desde casa, lidiando con el miedo a la enfermedad y la incertidumbre sobre el futuro. En medio de este caos, Brian Chesky, CEO de Airbnb, demostró liderazgo empático. Aunque la empresa se vio obligada a reducir su personal debido a la drástica caída en las reservas, Chesky fue transparente y humano en su comunicación. En una carta a los empleados afectados, explicó con sinceridad las razones detrás de los despidos, ofreció apoyo financiero y acceso a servicios de colocación laboral, e incluso mantuvo el seguro médico de los empleados despedidos durante varios meses. Chesky reconoció el impacto emocional de la decisión y trató a sus empleados con dignidad y compasión.

Otro aspecto clave del liderazgo empático es mostrar vulnerabilidad. Muchos líderes creen que deben proyectar una imagen de fortaleza inquebrantable en tiempos de crisis. Sin embargo, los líderes que muestran vulnerabilidad –reconociendo sus propias limitaciones, incertidumbres o emociones– a menudo se ganan más respeto y lealtad de sus equipos. Al admitir que no tienen todas las respuestas, los líderes crean un espacio donde la colaboración y el apoyo mutuo son posibles.

Por último, el apoyo emocional es una de las formas más poderosas de empatía en tiempos de crisis. Esto no significa que los líderes deban resolver todos los problemas personales de sus empleados, sino que deben estar presentes y disponibles para brindar comprensión y compasión. Crear espacios seguros para que los empleados compartan sus preocupaciones y ofrecerles recursos de apoyo, como asesoramiento o servicios de salud mental, puede marcar una gran diferencia en su bienestar emocional.

El liderazgo empático es una poderosa herramienta en tiempos de crisis. A través de la empatía, los líderes no solo gestionan la adversidad de manera efectiva, sino que también inspiran confianza, lealtad y compromiso en sus equipos. Los ejemplos de líderes como Jacinda Ardern, Howard Schultz, Satya Nadella y Alan Mulally demuestran que el enfoque humano no es solo una estrategia moral, sino también una clave para el éxito organizacional a largo plazo.

En tiempos de incertidumbre, las personas buscan líderes que los comprendan, que les ofrezcan apoyo y que los guíen con compasión. Al cultivar la empatía, los líderes pueden transformar las crisis en oportunidades para construir organizaciones más resilientes, cohesivas y exitosas.

- **¿Cómo puede un líder equilibrar la toma de decisiones difíciles, como los despidos o recortes financieros, mientras mantiene un enfoque empático que cuide el bienestar emocional de los empleados?**
  - Este desafío invita a reflexionar sobre cómo un líder puede ser humano y compasivo sin dejar de cumplir con sus responsabilidades empresariales, especialmente en situaciones que afectan negativamente a los trabajadores.
- **En una organización con una cultura históricamente orientada a los resultados y la competitividad, ¿qué pasos concretos puede tomar un líder para introducir un enfoque empático sin perder la productividad y el enfoque en los objetivos?**

- Esta pregunta lleva a pensar en cómo transformar la cultura de una empresa hacia una mayor empatía sin sacrificar la eficiencia o el rendimiento empresarial.

• ¿Cómo puede un líder empático asegurarse de que su vulnerabilidad no sea percibida como una debilidad por su equipo o sus superiores, especialmente en un contexto de crisis donde se espera liderazgo firme?

- Aquí se explora el desafío de equilibrar la vulnerabilidad personal con la necesidad de proyectar confianza y dirección en tiempos críticos, evitando que la empatía se vea como un signo de fragilidad en el liderazgo.

CAPÍTULO 5: EL FUTURO DEL TRABAJO: INNOVACIÓN Y TECNOLOGÍA EN LA GESTIÓN DEL TALENTO

Cómo la tecnología está transformando los recursos humanos

El mundo laboral está experimentando una revolución. La tecnología, en particular, ha irrumpido en el campo de los recursos humanos con una fuerza transformadora sin precedentes. Lo que antes era un departamento principalmente centrado en la administración y el cumplimiento de normas, hoy se posiciona como un socio estratégico clave para el éxito organizacional. Y todo ello gracias a la capacidad de la tecnología para automatizar, optimizar y personalizar procesos que antes eran tediosos, repetitivos y difíciles de gestionar de manera eficiente.

El papel de los líderes de recursos humanos está evolucionando a medida que adoptan herramientas tecnológicas para gestionar el talento de manera más efectiva. Aquellos que están al frente de esta transformación tecnológica no solo están adaptándose al cambio, sino que también están aprovechando la innovación para crear culturas empresariales más dinámicas, colaborativas y orientadas al crecimiento.

El futuro del trabajo requiere que los gerentes y líderes vean la tecnología no como una amenaza, sino como una oportunidad para liberar el potencial humano. Si bien la automatización ha generado inquietudes sobre la desaparición de ciertos puestos de trabajo, también es cierto que ha creado nuevas oportunidades. La clave está en cómo utilizamos estas herramientas para potenciar las capacidades humanas, no para reemplazarlas. La tecnología está rediseñando la manera en que gestionamos el talento, y los líderes visionarios ya están aprovechando su poder para impulsar el éxito organizacional.

Uno de los ejemplos más claros de esta transformación es el impacto de la inteligencia artificial (IA) y el big data en la toma de decisiones. Estas tecnologías ofrecen a los líderes de recursos humanos una capacidad sin precedentes para analizar datos y tomar decisiones más informadas, ágiles y estratégicas. Hoy en día, podemos conocer mejor a nuestros empleados, anticipar sus necesidades y diseñar planes de desarrollo personalizados con una precisión que antes era impensable.

La revolución tecnológica en la gestión del talento

La automatización ha cambiado la naturaleza del trabajo. Sin embargo, esta evolución no se trata solo de reducir tareas manuales. En el campo de los recursos humanos, la tecnología nos permite redefinir el talento, crear experiencias de empleado más personalizadas y aumentar la eficiencia en la adquisición y retención del talento. Los líderes que adoptan la innovación tecnológica están mejor posicionados para atraer a los mejores talentos y, lo que es aún más importante, retenerlos.

Las plataformas de gestión del talento ahora ofrecen funcionalidades avanzadas para personalizar cada aspecto del ciclo de vida del empleado. Desde el reclutamiento hasta el desarrollo, pasando por la evaluación del desempeño, estas herramientas permiten a los líderes tener una visión global e integral de su fuerza laboral. Al aplicar inteligencia artificial en estas plataformas, se pueden generar recomendaciones de capacitación personalizadas, identificar patrones de comportamiento que podrían indicar insatisfacción laboral o prever cuándo es probable que un empleado deje la empresa.

Por otro lado, el uso de la tecnología en el onboarding es un ejemplo perfecto de cómo la innovación puede mejorar la experiencia del empleado desde el primer día. Plataformas de aprendizaje automatizado, bots interactivos y módulos de e-learning permiten a los nuevos empleados integrarse de manera más fluida y eficiente en la organización. Además, estas herramientas permiten a los departamentos de RRHH centrarse en tareas más estratégicas y menos en el papeleo o la coordinación logística.

Es importante destacar que, mientras la tecnología puede automatizar y mejorar muchos aspectos del trabajo de RRHH, no reemplaza el juicio humano. Los líderes deben seguir cultivando habilidades interpersonales, como la empatía y la escucha activa, que siguen siendo insustituibles. Al final del día, las personas siguen siendo el activo más valioso de cualquier organización. La tecnología es un facilitador, pero los líderes visionarios deben saber cómo equilibrar su uso con una gestión humana genuina y comprensiva.

Inteligencia artificial y big data en la toma de decisiones de RRHH

La inteligencia artificial y el big data están revolucionando la forma en que las empresas toman decisiones relacionadas con el talento. Ya no dependemos únicamente de la intuición o la experiencia para evaluar el desempeño de los empleados o diseñar estrategias de desarrollo. Hoy, los datos nos proporcionan una imagen clara y objetiva de lo que está funcionando y lo que no, lo que nos permite tomar decisiones más informadas y, en última instancia, más acertadas.

La inteligencia artificial es capaz de procesar grandes volúmenes de datos en tiempo real, identificar patrones ocultos y generar predicciones basadas en esos datos. En el contexto de RRHH, esto significa que los líderes pueden anticipar tendencias como el agotamiento laboral, prever las tasas de rotación o incluso recomendar estrategias de retención basadas en análisis predictivos.

El big data, por su parte, ha permitido que los departamentos de recursos humanos pasen de ser reactivos a ser proactivos. Con grandes volúmenes de datos a su disposición, las empresas pueden evaluar no solo el desempeño pasado, sino también predecir comportamientos futuros. Al combinar datos de diversas fuentes, como encuestas de satisfacción, informes de desempeño y métricas de productividad, los líderes de RRHH pueden obtener una visión holística de la fuerza laboral y tomar decisiones más fundamentadas.

Por ejemplo, mediante el análisis de big data, es posible detectar patrones que indiquen una disminución en el compromiso de los empleados, incluso antes de que estos lo expresen abiertamente. Este tipo de análisis puede proporcionar a los líderes las herramientas necesarias para intervenir de manera temprana, ajustando políticas o implementando programas que mejoren la moral y reduzcan la rotación.

Además, la IA está jugando un papel crucial en el reclutamiento y selección de talento. Con algoritmos avanzados, los sistemas de IA pueden analizar miles de currículums en cuestión de segundos, identificando a los candidatos más adecuados para un puesto en función de habilidades clave, experiencia y características alineadas con la cultura organizacional. Esto no solo agiliza el proceso de contratación, sino que también reduce el sesgo humano, lo que contribuye a crear equipos más diversos e inclusivos.

Sin embargo, es fundamental que los líderes utilicen la IA y el big data de manera ética. La tecnología ofrece grandes beneficios, pero también plantea riesgos, como el uso indebido de los datos o la invasión de la privacidad. Los líderes responsables deben asegurarse de que las herramientas que utilicen respeten los derechos de los empleados y se alineen con los valores de la organización.

Innovación y el futuro del trabajo

La innovación tecnológica en la gestión del talento no es una tendencia pasajera, es la nueva realidad. Los avances en inteligencia artificial, automatización, y big data continuarán redefiniendo la forma en que trabajamos y gestionamos a las personas en los próximos años. En lugar de resistirse al cambio, los líderes de RRHH deben abrazarlo con visión y proactividad.

A medida que las empresas se enfrentan a un entorno laboral más dinámico y competitivo, los líderes que sepan utilizar la tecnología para atraer, desarrollar y retener el talento estarán en una posición más sólida para llevar a sus organizaciones al siguiente nivel. Pero esta evolución no es solo tecnológica; también es una cuestión de liderazgo.

Los líderes del futuro deberán ser flexibles, adaptativos y, sobre todo, empáticos. La tecnología puede transformar los procesos, pero es la visión humana la que determinará el éxito final. No basta con implementar las herramientas más avanzadas; los líderes deben saber cómo utilizarlas para crear una cultura empresarial que fomente el crecimiento, la innovación y el bienestar de los empleados.

En este contexto, el papel de los gerentes y directores de recursos humanos se amplía más allá de la gestión administrativa. Son los arquitectos del futuro del trabajo, aquellos que con su liderazgo transformador pueden aprovechar el poder de la tecnología para crear organizaciones más inclusivas, ágiles y resilientes.

El futuro del trabajo ya está aquí, y es un futuro lleno de posibilidades. Al abrazar la innovación tecnológica en la gestión del talento, los líderes pueden no solo mantenerse al día con los cambios, sino también anticiparse a ellos y guiar a sus organizaciones hacia el éxito sostenible.

La evolución del trabajo remoto y flexible

El trabajo remoto y flexible ha pasado de ser una opción marginal a convertirse en una realidad dominante en el mundo laboral. Aunque antes de la pandemia global del COVID-19 algunas empresas ya estaban experimentando con políticas de trabajo remoto, fue esta crisis la que aceleró su adopción a gran escala, marcando el comienzo de un cambio cultural irreversible en la forma en que concebimos el trabajo.

Este cambio no solo afecta a la ubicación desde donde se trabaja, sino también a cómo concebimos el propio trabajo. La flexibilidad no se trata únicamente de poder trabajar desde casa, sino de ajustar las condiciones laborales a las necesidades individuales de los empleados. La noción tradicional del trabajo de 9 a 5 está siendo reemplazada por horarios más fluidos, donde la productividad se mide no tanto por las horas invertidas, sino por los resultados obtenidos.

Cambios en la mentalidad empresarial

Muchas empresas, antes reticentes al trabajo remoto, se han visto obligadas a replantear sus creencias. Lo que en el pasado se consideraba una pérdida de control por parte de los gerentes, hoy se ve como una oportunidad para construir una cultura empresarial basada en la confianza y la autonomía. Los líderes empresariales están comenzando a entender que la flexibilidad no es un lujo, sino una herramienta esencial para atraer y retener talento.

Empresas como Twitter, Spotify o Shopify, han adoptado modelos de trabajo remoto permanente o híbrido, mostrando que es posible mantener altos niveles de productividad sin requerir la presencia física en la oficina. Incluso compañías más conservadoras, como Microsoft y Google, han desarrollado políticas de trabajo flexible para adaptarse a las nuevas demandas de los empleados. Este cambio de paradigma es un ejemplo tangible de cómo la cultura empresarial está evolucionando.

Ventajas del trabajo remoto y flexible

Desde la perspectiva de Recursos Humanos, la flexibilidad y el trabajo remoto aportan varios beneficios significativos. En primer lugar, amplían el alcance del talento disponible. Ya no es necesario que los empleados vivan en la misma ciudad, o incluso en el mismo país, para ser parte de un equipo. Esto permite a las organizaciones atraer a profesionales con habilidades específicas que antes podrían haber sido difíciles de reclutar debido a restricciones geográficas.

Además, las encuestas revelan que los empleados valoran enormemente la posibilidad de trabajar de manera remota o flexible. Un estudio realizado por PwC mostró que el 55% de los trabajadores preferirían continuar trabajando de forma remota al menos tres días a la semana, incluso después de la pandemia. La flexibilidad permite a las personas equilibrar mejor su vida laboral y personal, lo que contribuye a una mayor satisfacción y bienestar general.

La reducción de costos es otro beneficio importante. Las empresas pueden ahorrar en gastos de oficinas, servicios y mantenimiento al reducir el espacio físico necesario. Algunas organizaciones han optado por eliminar por completo sus oficinas tradicionales, migrando a modelos completamente remotos o a espacios de coworking compartidos solo cuando es necesario.

Desafíos del trabajo remoto

Sin embargo, no todo es positivo en el mundo del trabajo remoto. Uno de los mayores desafíos que enfrentan las empresas es la falta de interacción física entre los equipos. La colaboración en persona, las conversaciones informales y las relaciones interpersonales son más difíciles de replicar en un entorno digital. Como resultado, algunas empresas han informado una disminución en la cohesión de los equipos y un aumento en la sensación de aislamiento entre los empleados.

Otro reto es la gestión del rendimiento. En un entorno remoto, es más complicado para los gerentes medir la productividad y el compromiso de los empleados. Sin embargo, esto también abre la puerta a nuevas oportunidades. Las empresas están comenzando a utilizar herramientas digitales de seguimiento del rendimiento, análisis de datos y encuestas de retroalimentación para medir la efectividad y el bienestar de los empleados, lo que les permite adoptar un enfoque más proactivo en la gestión de su fuerza laboral.

Por ejemplo, GitLab, una empresa que opera de forma completamente remota, ha desarrollado una serie de prácticas para mantener a sus equipos conectados, como la realización de reuniones diarias breves (standups) y el uso extensivo de plataformas de comunicación como Slack y Zoom. También han implementado programas de bienestar digital que ayudan a los empleados a manejar el equilibrio entre la vida laboral y personal.

El futuro del trabajo flexible

El futuro del trabajo remoto y flexible está lleno de posibilidades. Las empresas que quieran mantenerse competitivas deben continuar innovando en este aspecto, adoptando tecnologías que faciliten la colaboración virtual y revisando sus políticas internas para garantizar que la flexibilidad sea una parte integral de su cultura empresarial.

Una tendencia que está ganando popularidad es la de los "nómadas digitales". Estos son empleados que trabajan de manera remota desde diferentes partes del mundo, sin estar atados a un lugar físico específico. Compañías como Remote Year y Nomad List ayudan a estos profesionales a encontrar comunidades de trabajo remoto en todo el mundo, creando una nueva clase de trabajador global, lo que abre oportunidades de crecimiento y expansión tanto para empleados como para empresas.

Preparar a tu equipo para el futuro del trabajo

El rol de Recursos Humanos en la preparación de los equipos para el futuro del trabajo es crucial. Los líderes deben actuar como agentes de cambio, guiando a sus empleados a través de esta transformación con empatía y visión. Esto implica adoptar un enfoque estratégico que combine la tecnología, el desarrollo de habilidades y la creación de una cultura de adaptabilidad.

Desarrollo de habilidades para el futuro

Uno de los mayores desafíos es asegurarse de que los empleados cuenten con las habilidades necesarias para enfrentar los cambios que trae el futuro del trabajo. Según un informe del Foro Económico Mundial, se espera que para 2025 el 50% de los empleados necesitará una nueva capacitación debido a los cambios tecnológicos y los nuevos modelos de trabajo. Aquí es donde los programas de capacitación y desarrollo juegan un papel fundamental.

Las empresas deben invertir en el aprendizaje continuo, ofreciendo oportunidades para que sus empleados adquieran nuevas habilidades digitales, como el manejo de plataformas colaborativas, la inteligencia artificial o el análisis de datos. Además, el enfoque debe ir más allá de las habilidades técnicas y enfocarse también en las habilidades blandas, como la capacidad de trabajar de manera autónoma, la resiliencia y la gestión del tiempo, que son esenciales en entornos de trabajo flexible.

Un ejemplo de éxito en este aspecto es el de Amazon, que ha destinado más de 700 millones de dólares en su programa "Upskilling 2025", cuyo objetivo es preparar a su fuerza laboral para los trabajos del futuro mediante la capacitación en habilidades tecnológicas avanzadas.

Crear una cultura de adaptabilidad

Además de desarrollar habilidades, es esencial fomentar una cultura de adaptabilidad. El cambio es constante, y los equipos deben estar preparados para ajustarse rápidamente a las nuevas circunstancias. Los líderes de Recursos Humanos tienen un papel clave en este proceso, ya que son quienes pueden inculcar una mentalidad de crecimiento y aprendizaje continuo en la organización.

Una cultura de adaptabilidad también implica crear un entorno donde los empleados se sientan seguros para experimentar, equivocarse y aprender de sus errores. Las empresas deben fomentar la innovación y la creatividad, permitiendo a sus equipos explorar nuevas ideas y enfoques sin temor al fracaso. Esto es especialmente relevante en un mundo donde las condiciones laborales están en constante evolución.

Netflix es un ejemplo de una empresa que ha construido una cultura de adaptabilidad, basada en la libertad y responsabilidad. Sus políticas de "sin vacaciones predeterminadas" o "sin horario fijo de trabajo" son reflejo de la confianza que depositan en sus empleados para gestionar su tiempo y productividad de la manera que mejor se adapte a sus necesidades personales y profesionales. Este tipo de enfoques no solo fomenta la flexibilidad, sino también la innovación dentro de la organización.

Estrategias para la gestión del cambio

Finalmente, una de las tareas más importantes de Recursos Humanos es gestionar el cambio de manera efectiva. Las transiciones hacia modelos de trabajo flexible o remoto pueden generar incertidumbre y resistencia entre los empleados. Por ello, es crucial que los líderes comuniquen de manera clara y constante los beneficios y las razones detrás de estos cambios, ofreciendo apoyo durante todo el proceso.

El uso de encuestas periódicas, feedback continuo y sesiones de escucha activa son herramientas fundamentales para asegurarse de que los empleados se sientan valorados y comprendidos. De igual manera, la implementación de programas de bienestar mental y emocional es esencial para garantizar que los empleados puedan adaptarse al cambio sin comprometer su salud.

Preparar a tu equipo para el futuro del trabajo no es una tarea sencilla, pero es una de las más estratégicas y transformadoras que un líder de Recursos Humanos puede emprender. Invertir en el desarrollo de habilidades, fomentar una cultura de adaptabilidad y gestionar el cambio con empatía y visión son los pilares sobre los que se construirá el éxito de las empresas en un mundo laboral cada vez más flexible y digital.

1. ADOPCIÓN DEL TRABAJO REMOTO

- Antes de la pandemia del COVID-19, solo el 5% de la fuerza laboral en EE. UU. trabajaba desde casa a tiempo completo. En 2021, esa cifra creció a un **42%**.

- Según un estudio de **Gartner**, el **82% de los líderes empresariales** planean permitir que sus empleados trabajen de manera remota al menos parte del tiempo tras la pandemia .

2. PREFERENCIAS DE LOS EMPLEADOS

- Una encuesta de **PwC** reveló que el **55%** de los empleados preferiría trabajar de manera remota al menos tres días a la semana, incluso después de que las restricciones por la pandemia desaparezcan.

- Según **Buffer's 2023 State of Remote Work**, el **98%** de los empleados que trabajan de manera remota quieren continuar haciéndolo en algún formato por el resto de sus carreras.

3. IMPACTO EN LA PRODUCTIVIDAD

- Un estudio de **Stanford** encontró que el trabajo remoto puede incrementar la productividad en un **13%**, gracias a la reducción de interrupciones, menor tiempo de desplazamiento y un ambiente de trabajo más tranquilo .

- Además, el trabajo remoto ha reducido las tasas de rotación de empleados en un **50%**, lo que contribuye a una mayor retención de talento .

4. REDUCCIÓN DE COSTOS

- Empresas que han implementado modelos de trabajo remoto han reportado ahorros significativos. Por ejemplo, **American Express** informó ahorros del **$10-$15 millones anuales** en bienes raíces y costos operativos .

- **Global Workplace Analytics** estima que las empresas pueden ahorrar un promedio de **$11,000 por año** por cada empleado que trabaje al menos la mitad del tiempo de manera remota .

5. CAPACITACIÓN Y DESARROLLO DE HABILIDADES

- Un informe del **Foro Económico Mundial** señala que para **2025**, se espera que **el 50%** de todos los empleados necesiten una nueva capacitación debido a los avances tecnológicos y cambios en el mercado laboral .

- Empresas como **Amazon** han destinado más de **$700 millones** en programas de capacitación, como su iniciativa "Upskilling 2025", para preparar a su fuerza laboral para el futuro .

6. BIENESTAR Y SALUD MENTAL

- Un estudio de **Owl Labs** mostró que los empleados remotos reportan sentirse un **22% más felices** en su trabajo que aquellos que trabajan en oficinas tradicionales, debido a la mejor conciliación entre la vida laboral y personal .

- Sin embargo, el **29%** de los trabajadores remotos ha reportado niveles más altos de estrés debido a la dificultad para desconectar del trabajo .

7. NÓMADAS DIGITALES

- Se estima que hay alrededor de **35 millones de nómadas digitales** en el mundo, y se espera que esta cifra siga creciendo a medida que las empresas adopten modelos de trabajo más flexibles.

- Según un informe de **MBO Partners**, el **17% de los trabajadores remotos** son nómadas digitales, lo que refleja una tendencia creciente hacia el trabajo desde cualquier lugar del mundo.

APÉNDICES

Apéndice A: Herramientas Prácticas para el Líder de Recursos Humanos

Guías de implementación para desarrollo de talento

El desarrollo del talento dentro de una organización es un pilar clave para el éxito a largo plazo. Los líderes de Recursos Humanos juegan un rol central en diseñar estrategias que no solo identifiquen, sino que potencien y retengan a los mejores talentos. A continuación, se presentan guías prácticas que ayudarán a implementar programas efectivos de desarrollo de talento, con un enfoque estratégico, accesible y orientado a la acción.

1. Evaluación inicial del talento

El primer paso para cualquier programa de desarrollo de talento es la evaluación exhaustiva del capital humano actual. Aquí, los líderes de RRHH deben utilizar herramientas como evaluaciones 360°, entrevistas de desempeño y autoevaluaciones. Estas evaluaciones deben enfocarse no solo en medir las habilidades técnicas, sino también en las competencias blandas y la alineación de los empleados con los valores de la empresa. Una herramienta útil es una matriz de evaluación, donde se comparan las habilidades actuales de cada empleado con las habilidades necesarias para el éxito futuro. Esto ayudará a identificar brechas y oportunidades de crecimiento.

2. Creación de programas de mentoría

Un componente esencial del desarrollo del talento es la mentoría. La mentoría no solo mejora las habilidades de los empleados, sino que también fomenta un sentido de pertenencia y compromiso. Los líderes de RRHH pueden estructurar programas de mentoría que conecten a empleados más experimentados con aquellos que están en las etapas iniciales de su desarrollo profesional. Es importante que los programas de mentoría estén bien definidos, con objetivos claros y plazos específicos. Esto incluye sesiones de retroalimentación, desarrollo de habilidades críticas y establecimiento de metas a largo plazo.

3. Fomento de la movilidad interna

Promover el crecimiento interno dentro de una organización es una estrategia clave para el desarrollo del talento. Los líderes de RRHH deben crear trayectorias profesionales claras y transparentes que permitan a los empleados ver su progreso dentro de la organización. Una estrategia efectiva es la rotación interna de roles, que ofrece a los empleados la oportunidad de adquirir nuevas habilidades en diferentes áreas. Los programas de movilidad interna no solo retienen talento, sino que también fomentan una fuerza laboral más ágil y adaptable, que es capaz de responder rápidamente a las necesidades cambiantes del negocio.

4. Evaluaciones periódicas y planes de acción personalizados

El desarrollo del talento no puede ser un proceso estático. Debe incluir evaluaciones continuas, retroalimentación y ajustes de los planes de desarrollo personalizados. Los líderes de RRHH deben reunirse regularmente con los empleados para revisar el progreso y ajustar los planes en función de los logros y desafíos que surjan. Las evaluaciones periódicas deben estar vinculadas a indicadores clave de desempeño (KPI) y reflejar tanto los avances en competencias técnicas como en habilidades interpersonales y liderazgo.

Plantillas para planes de acción cultural

El liderazgo en Recursos Humanos también implica liderar la cultura empresarial, un factor determinante en el éxito a largo plazo de cualquier organización. La transformación cultural comienza con un plan de acción claro y ejecutable. A continuación, se presentan plantillas para guiar a los líderes de RRHH en la creación de planes estratégicos que impacten directamente en la cultura organizacional.

1. Plantilla de diagnóstico cultural

Antes de implementar cualquier cambio, es crucial realizar un diagnóstico preciso del estado actual de la cultura organizacional. Esta plantilla puede estructurarse en tres fases:

- Análisis de valores actuales: Aquí, se debe identificar qué valores predominan actualmente en la empresa, cómo se viven en el día a día y qué percepción tienen los empleados de esos valores.

- Encuestas de clima organizacional: Se debe incluir una herramienta para medir la satisfacción de los empleados y su alineación con los objetivos culturales de la empresa.

- Análisis de brechas: Comparar la cultura actual con la cultura deseada, identificando las áreas donde es necesario intervenir.

2. Plantilla de plan de acción cultural

Una vez identificado el estado actual de la cultura, es momento de implementar un plan de acción claro y detallado. Esta plantilla debe incluir las siguientes secciones:

- Objetivos culturales clave: Identificar los tres a cinco valores o comportamientos que la organización quiere fomentar.

- Acciones específicas: Cada objetivo debe estar vinculado a acciones tangibles, por ejemplo, si se busca fomentar la colaboración, una acción específica puede ser implementar talleres de trabajo en equipo o dinámicas de grupos interdepartamentales.

- Responsables de la implementación: Asignar líderes dentro de la organización que sean responsables de llevar a cabo cada acción.

- Indicadores de éxito: Definir métricas claras para medir el éxito del plan de acción cultural, como la mejora en los resultados de las encuestas de clima organizacional o el aumento en la participación de los empleados en iniciativas de colaboración.

3. Plantilla de seguimiento y ajuste

Finalmente, es esencial que el plan de acción cultural no sea estático. Se debe incluir una plantilla para realizar un seguimiento periódico de los progresos y ajustar las estrategias cuando sea necesario. Esta plantilla debe contener:

- Resultados trimestrales de KPIs culturales.

- Feedback de los empleados sobre los cambios percibidos.

- Ajustes a las acciones estratégicas en función de los resultados.

Ejemplos de indicadores clave de rendimiento (KPI) en RRHH

Los indicadores clave de rendimiento (KPI) son fundamentales para medir el éxito de las estrategias de RRHH. Estos indicadores deben estar alineados tanto con los objetivos del departamento como con los de la organización en general. A continuación, se presentan ejemplos de KPIs que pueden servir como referencia para medir el éxito en las áreas clave de Recursos Humanos.

1. Retención del talento

La retención de empleados clave es un indicador crítico que refleja tanto la satisfacción laboral como la efectividad de las estrategias de RRHH en cuanto a desarrollo profesional y cultura organizacional. Un KPI relevante aquí podría ser la tasa de retención de empleados con alto rendimiento (aquellos que han recibido calificaciones altas en las evaluaciones de desempeño durante los últimos dos años). Este KPI debe analizarse en conjunto con encuestas de salida para identificar posibles causas de rotación.

2. Tasa de tiempo de contratación

El tiempo promedio que toma cubrir una vacante abierta es un KPI que mide la eficiencia del proceso de reclutamiento. Un tiempo de contratación más corto generalmente refleja procesos optimizados y una marca empleadora sólida. Este KPI puede dividirse en diferentes fases del proceso de selección para identificar posibles cuellos de botella, como la preselección de candidatos o la entrevista final.

3. Diversidad e inclusión

Los programas de diversidad e inclusión son fundamentales para crear un ambiente de trabajo equitativo y enriquecido. Un KPI en este campo podría ser el porcentaje de mujeres o minorías en roles de liderazgo o el porcentaje de nuevas contrataciones que provienen de grupos subrepresentados. Estos indicadores deben estar acompañados de iniciativas claras para fomentar la diversidad y la inclusión en todos los niveles de la organización.

4. Satisfacción del empleado

El compromiso y la satisfacción de los empleados son KPIs que reflejan el bienestar general de la plantilla y la efectividad de la cultura organizacional. Una métrica útil aquí es el puntaje de satisfacción de los empleados obtenido a través de encuestas anónimas realizadas cada semestre. Un aumento sostenido en este indicador es una señal positiva de que las estrategias de RRHH están alineadas con las expectativas y necesidades de los empleados.

5. Desarrollo y promoción interna

El desarrollo interno es un aspecto clave para el crecimiento sostenible del talento. Un KPI aquí sería el porcentaje de vacantes llenadas internamente. Este indicador mide la efectividad de los programas de desarrollo profesional y movilidad interna, así como el nivel de preparación de los empleados para asumir roles más complejos dentro de la organización.

Apéndice B: Lecturas Recomendadas y Recursos Adicionales

El liderazgo en Recursos Humanos es un campo en constante evolución, donde los profesionales deben estar continuamente actualizándose y expandiendo su conocimiento. A continuación, se presenta una lista curada de libros, podcasts, cursos y recursos en línea para aquellos líderes de RRHH que buscan profundizar en sus habilidades y estar al día con las mejores prácticas en liderazgo y gestión de talento.

Libros recomendados para profundizar en liderazgo y cultura empresarial

1. "Leaders Eat Last" de Simon Sinek

Este libro es una referencia obligatoria para aquellos interesados en el liderazgo inspirador y transformacional. Sinek explora cómo los líderes efectivos crean culturas de confianza y seguridad que impulsan a los empleados a dar lo mejor de sí mismos. Este enfoque es especialmente relevante para los profesionales de RRHH que buscan crear entornos de trabajo que no solo retengan, sino que desarrollen y motiven a los mejores talentos.

2. "Drive" de Daniel H. Pink

Pink ofrece una perspectiva fresca sobre lo que realmente motiva a las personas. En lugar de enfocarse únicamente en las recompensas externas, el autor argumenta que la verdadera motivación proviene de la autonomía, el dominio y el propósito. Este libro proporciona herramientas valiosas para los líderes de RRHH que desean diseñar programas de desarrollo que alineen las metas personales de los empleados con los objetivos de la organización.

3. "The Culture Code" de Daniel Coyle

Este libro profundiza en cómo las organizaciones exitosas construyen culturas cohesivas y productivas. A través de estudios de caso de equipos de alto rendimiento, Coyle ofrece consejos prácticos para desarrollar una cultura empresarial sólida y sostenible. Es una lectura imprescindible para aquellos líderes que quieren transformar la cultura de sus organizaciones.

4. "Radical Candor" de Kim Scott

Este libro ofrece una guía clara y práctica para líderes que desean ser empáticos y directos a la vez. Scott introduce el concepto de "franqueza radical", donde los líderes equilibran el cuidado personal con el desafío directo, creando un ambiente donde la retroalimentación es honesta y constructiva. Es un recurso excelente para los líderes de RRHH que quieren fomentar la transparencia y la confianza en sus equipos.

Podcasts recomendados

1. "WorkLife with Adam Grant"

En este podcast, el psicólogo organizacional Adam Grant explora cómo mejorar la vida laboral. A través de entrevistas con líderes de diversos sectores, Grant ofrece insights sobre cómo crear entornos de trabajo más productivos, equitativos y satisfactorios. Este podcast es una fuente continua de inspiración para los profesionales de RRHH que buscan nuevas formas de abordar los desafíos laborales.

2. "The HR Happy Hour Show"

Es uno de los podcasts más populares en el ámbito de Recursos Humanos. Los anfitriones Steve Boese y Trish McFarlane discuten temas actuales y emergentes en RRHH, desde la tecnología hasta las estrategias de desarrollo de talento. Es un recurso perfecto para estar al tanto de las últimas tendencias y herramientas en el campo de los Recursos Humanos.

3. "The Future of Work Podcast" con Jacob Morgan

Jacob Morgan explora cómo el futuro del trabajo está cambiando y qué pueden hacer los líderes de RRHH para preparar a sus organizaciones. A través de entrevistas con líderes innovadores, Morgan ofrece perspectivas sobre el impacto de la tecnología, la inteligencia artificial y las nuevas expectativas laborales en el entorno empresarial.

Cursos para desarrollo continuo en Recursos Humanos

1. "Strategic Human Resource Management" (SHRM)

Este curso en línea ofrece una visión integral sobre cómo alinear las estrategias de RRHH con los objetivos organizacionales. Es perfecto para líderes de RRHH que buscan tener un impacto directo en la estrategia empresarial a través de una gestión más efectiva del talento.

2. "Liderazgo en la Era Digital" (Coursera)

Este curso ofrece a los líderes una visión moderna sobre cómo adaptarse al cambiante entorno digital. Abarca temas como la transformación digital, el liderazgo ágil y la innovación, aspectos esenciales para los líderes de RRHH en el mundo actual.

3. "Certificación en Diversidad e Inclusión" (LinkedIn Learning)

Dado que la diversidad y la inclusión son temas cada vez más relevantes, esta certificación ayuda a los líderes de RRHH a desarrollar estrategias efectivas para fomentar una cultura inclusiva.

Recursos en línea para el desarrollo continuo

- Society for Human Resource Management (SHRM): SHRM es una de las mayores organizaciones profesionales en RRHH, y ofrece una amplia gama de recursos, desde artículos y guías hasta certificaciones y eventos. Es una fuente confiable para mantenerse al día con las mejores prácticas y las últimas tendencias en RRHH.

- Human Resources Today: Este sitio web recopila artículos, blogs y noticias sobre temas relevantes en el ámbito de los Recursos Humanos. Es un excelente recurso para obtener una visión amplia de las tendencias actuales en RRHH.

- HBR Ascend: Parte de Harvard Business Review, este recurso está diseñado para profesionales jóvenes y de nivel medio que buscan desarrollar sus habilidades de liderazgo y gestión. Es especialmente útil para aquellos que están comenzando su carrera en RRHH o que desean mejorar sus capacidades de liderazgo.

Los líderes de Recursos Humanos tienen a su disposición una amplia variedad de herramientas, guías y recursos para transformar tanto el talento como la cultura organizacional. Ya sea a través de la implementación de planes estratégicos, la adopción de KPIs adecuados o el enriquecimiento constante a través de lecturas y recursos adicionales, el camino hacia el éxito está lleno de oportunidades para crecer y adaptarse a un entorno empresarial en constante cambio. ¡El liderazgo en RRHH es una poderosa fuerza para el cambio positivo!

Apéndice C: Casos de Estudio Detallados

El liderazgo en Recursos Humanos no solo se trata de implementar políticas y estrategias efectivas, sino también de aprender de experiencias reales de organizaciones que han logrado transformar su cultura y talento con éxito. A continuación, presentamos un análisis detallado de casos de estudio de empresas que han experimentado una transformación significativa, resaltando las lecciones clave y los aprendizajes aplicables que los líderes de Recursos Humanos pueden incorporar en sus propias organizaciones.

Caso de Estudio 1: La Transformación Cultural de Microsoft

Contexto y Desafíos Iniciales

Microsoft, una de las compañías tecnológicas más grandes del mundo, experimentó una notable transformación bajo el liderazgo de Satya Nadella, quien asumió el cargo de CEO en 2014. Antes de su llegada, Microsoft se encontraba en una fase de estancamiento cultural, caracterizada por una mentalidad competitiva interna, falta de innovación y una estructura jerárquica que dificultaba la colaboración. Los empleados estaban centrados en sus propias metas individuales y, en muchos casos, la competencia interna entre equipos afectaba el crecimiento y la innovación.

Estrategia de Transformación

El enfoque de Nadella se centró en cambiar la mentalidad de la compañía hacia una "mentalidad de crecimiento" (growth mindset), un concepto desarrollado por la psicóloga Carol Dweck. Esta mentalidad enfatiza la idea de que las habilidades y capacidades pueden desarrollarse con esfuerzo, aprendizaje continuo y colaboración. Para Nadella, el cambio cultural era esencial para volver a posicionar a Microsoft como una compañía innovadora en la era digital.

1. Reestructuración del liderazgo y enfoque en la empatía: Nadella reorganizó los equipos de liderazgo, promoviendo a líderes que fomentaran la colaboración y la empatía. Esto incluyó la creación de espacios para que los empleados compartieran sus ideas y se sintieran escuchados, lo que ayudó a reducir la competencia interna y promovió un ambiente más colaborativo.

2. Fomento de la diversidad e inclusión: Parte del cambio cultural en Microsoft también implicó un enfoque más fuerte en la diversidad e inclusión. Nadella y su equipo se comprometieron a mejorar la representación de minorías y mujeres en puestos clave, lo que enriqueció la diversidad de ideas y enfoques dentro de la empresa. Microsoft también comenzó a implementar programas de mentoría y desarrollo de liderazgo específicamente dirigidos a grupos subrepresentados.

3. Enfoque en el aprendizaje continuo: Microsoft comenzó a ofrecer más oportunidades de aprendizaje y desarrollo a sus empleados, no solo en habilidades técnicas, sino también en habilidades de liderazgo y colaboración. Nadella promovió una cultura de aprendizaje donde el fracaso no era castigado, sino visto como una oportunidad para aprender y mejorar.

Resultados y Lecciones Clave

Como resultado de estas iniciativas, Microsoft experimentó una transformación notable en su cultura organizacional. La empresa pasó de ser vista como una gigante tecnológica burocrática a una de las compañías más innovadoras del mundo. Algunos de los logros clave incluyen el aumento de la colaboración interna, una mejora significativa en la satisfacción de los empleados y un renacimiento en su capacidad para innovar, como lo demuestra el éxito de productos como Microsoft Teams y la transformación hacia la nube con Azure.

Lecciones clave:

- El liderazgo empático es crucial para la transformación cultural. La empatía no solo mejora la relación entre empleados y líderes, sino que también impulsa una mayor colaboración y confianza dentro de la organización.

- Adoptar una mentalidad de crecimiento fomenta la innovación. Al fomentar el aprendizaje continuo y no penalizar los fracasos, las organizaciones pueden liberar el potencial creativo de sus empleados.

- La diversidad e inclusión son motores de transformación. La variedad de perspectivas y experiencias dentro de los equipos fortalece la toma de decisiones y la innovación en todos los niveles de la organización.

Caso de Estudio 2: El Renacimiento Cultural de IBM

Contexto y Desafíos Iniciales

IBM, una empresa icónica en la industria tecnológica, enfrentó importantes desafíos a principios de la década de 2000. La empresa había sido pionera en la creación de hardware, pero la llegada de competidores más ágiles y enfocados en la nube, como Amazon y Google, dejó a IBM en una posición incómoda. Sus productos tradicionales ya no eran los más demandados y, a nivel cultural, la empresa estaba anclada en una estructura rígida y jerárquica que obstaculizaba su capacidad de adaptarse rápidamente a los cambios tecnológicos.

Estrategia de Transformación

La transformación cultural de IBM fue liderada por la entonces CEO Ginni Rometty, quien asumió el cargo en 2012. Rometty entendió que la empresa necesitaba reinventarse desde dentro para competir en la era digital. Para ello, implementó una estrategia centrada en tres pilares principales: agilidad, enfoque en la innovación y empoderamiento de los empleados.

1. Agilidad organizacional: Rometty reconoció que la rigidez organizacional de IBM estaba frenando su capacidad para competir en un entorno dinámico. Por lo tanto, impulsó una reorganización de la estructura interna de la empresa, promoviendo la creación de equipos más pequeños y ágiles que podían tomar decisiones rápidamente y responder a las necesidades del mercado. Esto permitió que IBM fuera más flexible en el desarrollo de nuevos productos y servicios.

2. Enfoque en la innovación digital: Bajo el liderazgo de Rometty, IBM invirtió fuertemente en tecnologías emergentes, como la inteligencia artificial y la nube. La iniciativa de Watson, la plataforma de IA de IBM, se convirtió en un símbolo del cambio hacia una cultura más centrada en la innovación y el futuro. Además, se promovió un enfoque de "primero en la nube", que alentó a los empleados a replantear sus productos y servicios con un enfoque digital.

3. Empoderamiento del talento: Rometty también comprendió que para transformar la cultura de IBM, era necesario empoderar a los empleados y fomentar el desarrollo de sus habilidades. IBM implementó programas de formación continua en tecnologías emergentes, y también introdujo sistemas de retroalimentación más transparentes, lo que permitió a los empleados tener un mayor control sobre su desarrollo profesional. Esto no solo ayudó a retener talento, sino que también aumentó la motivación interna para contribuir al crecimiento de la empresa.

Resultados y Lecciones Clave

La transformación de IBM permitió que la empresa se adaptara a los cambios del mercado y consolidara su posición como un líder en soluciones de inteligencia artificial y servicios en la nube. Watson y otras iniciativas digitales se convirtieron en parte central del negocio de IBM, lo que marcó un cambio significativo desde su enfoque anterior en hardware. A nivel interno, la satisfacción de los empleados mejoró notablemente, y la nueva estructura organizacional permitió una mayor agilidad en la toma de decisiones y desarrollo de productos.

Lecciones clave:

- La agilidad organizacional es fundamental en tiempos de cambio. Las empresas deben ser capaces de reorganizarse rápidamente para responder a los desafíos y oportunidades del mercado.

- La inversión en innovación tecnológica debe ir acompañada de una transformación cultural. No basta con desarrollar nuevos productos; las empresas deben también capacitar a sus empleados y fomentar una cultura que apoye el cambio y la innovación.

- El empoderamiento del talento es clave para retener empleados valiosos. Al proporcionar oportunidades de desarrollo profesional y retroalimentación transparente, las empresas pueden motivar a sus empleados a contribuir al éxito organizacional.

Caso de Estudio 3: La Cultura Centrada en el Talento de Google

Contexto y Desafíos Iniciales

Google es conocido por ser una de las empresas tecnológicas más innovadoras del mundo, y gran parte de su éxito se debe a su cultura organizacional única. Desde sus inicios, Google ha promovido un ambiente de trabajo que prioriza la creatividad, la innovación y el bienestar de sus empleados. Sin embargo, con el rápido crecimiento de la empresa, surgió el desafío de mantener esta cultura mientras se expandían a nivel global y gestionaban una fuerza laboral diversa y cada vez más numerosa.

Estrategia de Transformación

La estrategia de Google para mantener y mejorar su cultura organizacional se centró en tres áreas clave: crear un entorno de trabajo flexible, fomentar la creatividad y el bienestar de los empleados, y utilizar datos para tomar decisiones estratégicas sobre el talento.

1. Entorno de trabajo flexible: Google es conocido por ofrecer un entorno de trabajo flexible, que incluye políticas como horarios de trabajo adaptables, la opción de trabajar de forma remota y oficinas diseñadas para fomentar la colaboración y la creatividad. Las oficinas de Google, con sus espacios abiertos, áreas de descanso y acceso a recursos de bienestar (como gimnasios y comedores gratuitos), están diseñadas no solo para atraer talento, sino también para fomentar un entorno donde los empleados se sientan cómodos y motivados para innovar.

2. Fomento de la creatividad y la innovación: Una de las políticas más emblemáticas de Google es su enfoque en la "regla del 20%", que permite a los empleados dedicar el 20% de su tiempo laboral a proyectos personales. Este enfoque ha dado lugar a algunos de los productos más innovadores de la empresa, como Gmail y Google Maps. Google también fomenta una cultura de toma de riesgos calculados, donde se alienta a los empleados a experimentar y proponer nuevas ideas, incluso si algunas de ellas no tienen éxito.

3. Uso de datos para gestionar el talento: Google es una empresa impulsada por datos, y esto también se refleja en su enfoque hacia la gestión del talento. Google utiliza análisis de datos para medir la productividad de los empleados, el impacto de las políticas de bienestar y la efectividad de sus programas de desarrollo de talento. Este enfoque basado en datos permite a la empresa tomar decisiones informadas para mejorar continuamente su cultura y la experiencia de los empleados.

Resultados y Lecciones Clave

La cultura centrada en el talento de Google ha sido clave para su éxito continuo. Google ha sido consistentemente clasificado como uno de los mejores lugares para trabajar en el mundo, y ha logrado retener y atraer a algunos de los mejores talentos de la industria tecnológica. Además, su enfoque en la innovación y la creatividad ha permitido que la empresa se mantenga a la vanguardia de la industria tecnológica.

Lecciones clave:

- Un entorno de trabajo flexible puede mejorar la productividad y el bienestar de los empleados. Las políticas que promueven el equilibrio entre la vida laboral y personal son esenciales para atraer y retener talento.

- Fomentar la creatividad y el pensamiento innovador es esencial para la innovación continua. Al permitir que los empleados dediquen tiempo a proyectos personales y experimentación, las empresas pueden desbloquear nuevos productos y soluciones creativas.

- El uso de datos en la gestión del talento permite decisiones más informadas. Las empresas que utilizan datos para medir la efectividad de sus políticas y programas de talento pueden mejorar continuamente su cultura y resultados.

Estos casos de estudio muestran que la transformación cultural y el desarrollo del talento son procesos complejos, pero esenciales para el éxito organizacional a largo plazo. Desde el cambio cultural en Microsoft hasta la agilidad en IBM y la innovación constante en Google, los líderes de Recursos Humanos pueden aprender valiosas lecciones sobre cómo gestionar el talento y transformar la cultura empresarial para adaptarse a un mundo empresarial en constante evolución.

FIN

www.ingramcontent.com/pod-product-compliance
Lightning Source LLC
Chambersburg PA
CBHW070409230526
45471CB00006B/2726